AFRIKA-KARTENWERK   Serie S, Beiheft zu Blatt 15

D1666399

AFRIKA-KARTENWERK

Herausgegeben im Auftrage der Deutschen Forschungsgemeinschaft
Edited on behalf of the German Research Society
Editado sob o auspício da Associação Alemã de pesquisa Científica
von/by/par Ulrich Freitag, Kurt Kayser †, Walther Manshard,
Horst Mensching, Ludwig Schätzl, Joachim H. Schultze †

Redakteure, Assistant Editors, Editeurs adjoints: Gerd J. Bruschek, Dietrich O. Müller

Serie, Series, Série N
Nordafrika (Tunesien, Algerien)
North Africa (Tunisia, Algeria)
Afrique du Nord (Tunisie, Algérie)
Obmann, Chairman, Directeur: Horst Mensching

Serie, Series, Série W
Westafrika (Nigeria, Kamerun)
West Africa (Nigeria, Cameroon)
Afrique occidentale (Nigéria, Cameroun)
Obmänner, Chairmen, Directeurs: Ulrich Freitag, Walther Manshard

Serie, Series, Série E
Ostafrika (Kenya, Uganda, Tanzania)
East Africa (Kenya, Uganda, Tanzania)
Afrique orientale (Kenya, Ouganda, Tanzanie)
Obmänner, Chairmen, Directeurs: Ludwig Schätzl, Joachim H. Schultze †

Serie, Series, Série S
Südafrika (Moçambique, Swaziland, Republik Südafrika)
South Africa (Mozambique, Swaziland, Republic of South Africa)
África do Sul (Moçambique, Suazilândia, República da África do Sul)
Obmänner, Chairmen, Directores: Diethard Cech, Kurt Kayser †

GEBRÜDER BORNTRAEGER · BERLIN · STUTTGART

AFRIKA-KARTENWERK

Serie   S: Beiheft zu Blatt 15
Series S: Monograph to Sheet 15
Série   S: Monografia da folha 15

S 15

Manfred Korfmann, Gerhard Liesegang und
Günter Smolla
(unter Mitwirkung von Rudolf Gerharz)

Historische Geographie — Südafrika
(Moçambique, Swaziland, Republik Südafrika)
23° 10'—26° 52' S, 29° 50'—35° 40' E

Historical Geography — South Africa
(Mozambique, Swaziland, Republic of South Africa)
Geografia Histórica — África do Sul
(Moçambique, Suazilândia, República da África do Sul)

Mit 21 Figuren und 2 Tabellen im Text sowie Summary und Sumário

1987

GEBRÜDER BORNTRAEGER · BERLIN · STUTTGART

Für den Inhalt der Karte und des Beiheftes sind die Autoren verantwortlich.
The authors are responsible for the content of the Map and Monograph.
Os autores são responsáveis pelos dados do mapa e da monografia.

Gedruckt im Auftrage und mit Unterstützung der Deutschen Forschungsgemeinschaft
sowie mit Unterstützung (Übersetzungskosten) durch das Bundesministerium für
Wirtschaftliche Zusammenarbeit (BMZ).

ISBN 3 443 28363 2

Vorwort

Dieses Beiheft enthält einen Katalog eisenzeitlicher Fundstellen des Kartengebiets, eine kurze Charakterisierung des Fundmaterials sowie Erläuterungen zu den dargestellten politischen und ethnischen Einheiten, politischen Grenzen und Bevölkerungsbewegungen. Die Methodik und Entwicklung der Thematik werden in Kapitel 1 näher erläutert.

Bei dem hier veröffentlichten Text handelt es sich weitgehend um eine in den Jahren 1979/80 und 1983/84 angefertigte Bearbeitung wesentlich umfangreicherer Manuskripte, die zwischen 1969 und 1976 entstanden waren. Bei der Bearbeitung wurde das Material bevorzugt, von dem wir glauben, daß es für die Benutzung der Karte durch Archäologen, Historiker und Geographen unumgänglich oder wertvoll ist. In diesem Zusammenhang ist zu berücksichtigen, daß viele auf der Karte verzeichneten Orte in der Zwischenzeit umbenannt wurden.

Die Aufnahme der archäologischen Daten wurde — abgesehen von einigen Ergänzungen im Jahre 1971—1968 abgeschlossen, die der ethnographisch-historischen Daten im wesentlichen 1974. An dem 1974 fertiggestellten Teilentwurf der Karte der nicht-prähistorischen Aspekte wurden aufgrund von Kritiken insbesondere von O. Köhler, K. Kayser und D. Zach und Ergebnissen von Besuchen im Felde noch bis 1982 Detailkorrekturen angebracht. Was die Kartierung der archäologischen Daten angeht, wurde seit 1971 nur noch mit Größe und Form der Signaturen experimentiert. Seit dem 29. 4. 1976 war die Karte offiziell druckfertig.

M. Korfmann und G. Smolla, die für die archäologischen Daten verantwortlich sind, bereisten das Kartengebiet von Mitte Mai bis Mitte August 1968. In Transvaal begleitete sie J. G. R. Witt, ohne dessen Orts- und Materialkenntnis vieles unbekannt geblieben wäre. G. Liesegang hatte die Möglichkeit, zwei Reisen zu unternehmen (Mai 1969—Januar 1970, Januar—Juli 1971). Kapitel 1 wurde von den Autoren gemeinsam geschrieben. Die Kapitel 2 und 3 stammen überwiegend von M. Korfmann und G. Smolla (mit Beiträgen von R. Gerharz), die Abschnitte 2.7 bis 2.9, die Kapitel 4 und 5 sowie die englische und portugiesische Zusammenfassung von G. Liesegang.

Der DFG, die die Feldforschungen und anschließend einen großen Teil der Auswertung finanzierte, sei hier herzlich gedankt. Während der Feldforschungen erhielten die Mitarbeiter von vielen Einzelpersonen und Institutionen Hilfe in Form von Auskünften, Einblick in unveröffentlichtes Material und Beschaffung von Genehmigungen. Nach 1973, als die Arbeiten ernsthaft stockten, kamen von mehreren Seiten Ermunterungen, trotz der vielen enttäuschten Erwartungen, die Arbeit zum Abschluß zu bringen. Allen namentlich zu danken ist hier nicht möglich. Hervorheben möchten wir nur P. L. Breutz, A. Xavier da Cunha, K. Kayser, O. Köhler, A. Lobato, G. Richter, A. Rita-Ferreira, Konsul Dr. Vacano, N. J. van Warmelo, B. Wiese, J. G. R. Witt, W. D. Zach. Ferner Frau Butz, Köln, die die Fig. XVIII—XXI zeichnete, sowie J. de Sampaio e Castro, der den portugiesischen, und J. Carpenter-Efe, die den englischen Text bearbeitete.

Inhalt

Verzeichnis der Figuren

Verzeichnis der Karten

Verzeichnis der Tabellen

Contents

List of Figures

List of Maps

List of Tables

Índice geral

Índice das Figuras

Índice das Mapas

Indice das Tabelas

Zur Schreibweise der Namen

Im Bereich des Kartenblattes werden mehrere anerkannte Orthographien verwendet, die z. T. mehr-fach geändert worden sind (Afrikaans, Englisch, Nordsotho, Swati, Tsonga, Portugiesisch etc.) Bei modernen geographischen Namen mit festgelegter Schreibweise bemühten wir uns, diese zu verwen-den; bei den übrigen Namen ohne festgelegte Schreibweise wurde versucht, ein einigermaßen konse-quentes System zu verwenden, das der Aussprache nahekommt und möglichst auch mit der Ortho-graphie in den anderen Beiheften übereinstimmt. Deshalb wurde etwa Modjadje statt Mojaje ge-schrieben. Besonderheiten der portugiesischen Transkription (z. B. wird -u am Wortende -o geschrie-ben, Gui- für Gi-, Nha- oder Inha- für Nya) wurden nach Möglichkeit vermieden. Das „Sh" steht für deutsches -sch- oder Tsonga und Portugiesisch „x" und „c" erscheint in einigen Namen als Variante von „tsch" (z. B. Copi statt Tshopi).

Verzeichnis der Abkürzungen

AHM	Arquivo Histórico de Moçambique, Maputo
AHU	Arquivo Histórico Ultramarino, Lissabon
DAP	Documentos anexos a plantas
ESA	Earlier Stone Age
Ko-Sm-Wi	Korfmann-Smolla-Witt
KS	Afrika-Kartenwerk, Blatt S
L.L.	Landdros Lydenburg (Serie von Dokumenten im Nationalarchiv, Pretoria)
LSA	Later Stone Age
MSA	Middle Stone Age
s.	siehe
S.A.A.B.	South African Archeological Bulletin
S.A.J.S.	South African Journal of Science
SAM	South African Museum, Kapstadt
Slg.	Sammlung
T.R.S.S.A.	Transactions of the Royal Society of South Africa
SN	Superintendent Naturelle (Serie im Nationalarchiv Pretoria)
SS	Staatssekretaris (Serie im Nationalarchiv Pretoria)
W	Aanwins (Nachlaß, Schenkung, Serie im Nationalarchiv Pretoria)

1 Grundzüge der Geschichte, Themenwahl und Darstellung

1.1 Einleitung

Paläolithische Steinwerkzeuge, die in weiten Teilen des Kartenausschnittes gefunden wurden, bezeugen eine tief ins Paläolithikum zurückreichende Anwesenheit von Menschen. Die Vorfahren der heutigen Bevölkerung sind zu einem großen Teil erst im Verlaufe des 1. nachchristlichen Jahrtausends von Norden her eingewandert. Sie werden als „eisenzeitlich" bestimmt und brachten — neben der Metallverarbeitung — Keramik und eine ausgebildete Form des Feldbaus mit. Fraglich bleibt, ob es davor — wie für den Raum nördlich und westlich des Kartenblatts nachgewiesen — auch hier Menschen gab, die schon in vorchristlicher Zeit Viehzucht, Keramik und vielleicht auch eine einfachere Form des Feldbaus kannten. Jedenfalls haben wir mit den Funden des LSA Spuren einer älteren Bevölkerung erfaßt, die in der Folgezeit verdrängt oder assimiliert wurde.

Auch die „eisenzeitlichen" Einwanderer sind von späteren innerafrikanischen Bevölkerungsverschiebungen erfaßt worden. Hinzu kamen kulturelle Einflüsse, die auch von der Küste her eindrangen. Noch im 18. und frühen 19. Jh. wurde die politische Struktur der südostafrikanischen Staaten deutlicher von innerafrikanischen Entwicklungen bestimmt als von äußeren Einflüssen. Wichtig war aber auch die Einführung überseeischer Kulturpflanzen (Mais, Maniok, Erdnüsse sowie Tabak und Ananas), durch die der Feldbau schon zu Beginn des 19. Jh. viel ertragreicher wurde als in früheren Jahrhunderten.

Unabhängig von einer allgemeinen Dynamik konnte sich die Bevölkerung auch in manchen „Siedlungskammern" stabilisieren. Deshalb ist die ethnische Gliederung z. T. auch eine geographische.

Wahrscheinlich schon im 10. oder 11. Jh. suchten arabische Seefahrer den Küstenbereich des Kartenausschnittes auf. Im 15. Jh. scheinen ihre Fahrten jedoch nicht über das Bazaruto-Archipel hinaus gegangen zu sein. Vor allem im 16. und dann wieder im 18. und 19. Jh. wurden die Küsten Südmosambiks regelmäßig von portugiesischen Schiffen besucht, die aus Inhambane Elfenbein, gelegentlich auch Sklaven, ausführten. Der eigentliche Sklavenexport begann Ende des 18. Jhs. und setzte sich in der 1. Hälfte des 19. Jhs. fort; eine Folge des ausgeweiteten atlantischen Sklavenhandels, der die französischen Kolonien, Brasilien und Kuba belieferte. Daneben lief der Elfenbeinhandel weiter.

Während der Jagd- und Landwirtschaftsperiode (1840—1870)[1] und später während der Bergwerksperiode Südafrikas (ca. 1870—1920) fand eine Neustrukturierung statt. Die alten afrikanischen Staaten wurden zerschlagen oder unterworfen und die Bevölkerung in

---

[1] Sie war um Lydenburg und Zoutpansberg fast ausschließlich eine „Jagdperiode".

ein neues wirtschaftliches System eingegliedert (wozu nicht nur politischer Druck, sondern zeitweise auch wirtschaftliche Anreize beitrugen). Sowohl Transvaal als auch das südliche Mosambik wurden sozial und wirtschaftlich weitgehend aus dem Einflußbereich des Indik-Verkehrsraums gelöst, weil sich in Südafrika ein neues Zentrum bildete, dem es an Arbeitskräften fehlte. Das portugiesische Kolonialsystem integrierte diese Kontakte; der Regierung des unabhängigen Mosambik fiel es nach 1974 sehr viel schwerer, eine solche Eingliederung zu akzeptieren. In diesem neuen System ergaben sich grundlegende wirtschaftliche und demographische Veränderungen. Die Bevölkerung wuchs zwischen 1880 und 1980 etwa um das Sechsfache.

Diese historischen Vorgänge können in einem geographischen Projekt wie dem AFRIKA-KARTENWERK nicht alle berücksichtigt werden, z. T. ergaben sie sich auch erst aus den Forschungen der letzten 20 Jahre und wurden daher bei der Planung als Thema nicht erfaßt.

1.2 Themenwahl, Datenerhebung und Darstellung

Die Karte S 15 entstand aus zwei in der Anfangsphase unabhängig voneinander betriebenen Kartenprojekten, einem archäologischen und einem historisch-ethnographischen. Aus Gründen der Einheitlichkeit des AFRIKA-KARTENWERKS und aufgrund der bereits bestehenden Zusammenarbeit wurde dann Ende 1969 vereinbart, von einer speziellen archäologischen Karte abzusehen und die Fundpunkte in die historisch-ethnographische Karte einzuarbeiten, die gleichzeitig in „historische Karte" umbenannt wurde. Die älteren Funde sollten im Rahmen eines anderen Blattes erscheinen, was aber später aufgegeben werden mußte. Da auch der Umfang der Beihefte stark eingeschränkt wurde, konnte dieses Material hier nicht berücksichtigt werden.

In den folgenden Abschnitten werden Datenerhebung und Auswertung getrennt dargestellt. Dies geschieht sowohl für den archäologischen als auch für den ethnograpisch-historischen Teil.

1.2.1   Datenerhebung
1.2.1.1 Datenerhebung: archäologische Funde

Ursprünglich sollte das Kartenblatt den Raum Harare (früher Salisbury) — Beira erfassen, d. h. einerseits das um Harare außergewöhnlich gut erforschte Gebiet mit den Ruinenkomplexen von Groß Simbabwe und Inyanga und andererseits den damals so gut wie unbekannten Teil von Mosambik (mit dem alten Sofala!). Die Literaturdurchsicht war bereits fortgeschritten, als politische Gründe die Verlegung des Arbeitsgebietes nach Süden erzwangen.

Dort waren die Forschungsvoraussetzungen ganz anders: Es gab weder größere Teilräume, die gleichmäßig gut, noch solche, die völlig unerforscht waren. Ein archäologischer „survey", der das ganze Gebiet des Kartenblattes erfaßt hätte, kam nicht in Frage, da das eine mehrjährige Feldarbeit erfordert hätte.

Daraus ergaben sich die folgenden Arbeitsgänge:

1. Karteimäßige Erfassung aller in der Literatur genannten Fundstellen. Da der größte Teil der Literatur in Frankfurt zugänglich war, hatten wir schon vor Antritt der Reise 1968 eine gute Grundlage für die Feldarbeit.

2. Ergänzung der Kartei durch Aufnahme unpublizierter Materialien in den Museen in Pretoria/Johannesburg, Kapstadt und Maputo (damals noch Lourenço Marques).

3. Bereisung des Kartengebiets. Obwohl M. KORFMANN und G. SMOLLA insgesamt ca. 11 000 km mit dem Unimog unterwegs waren, konnten nur Teilgebiete intensiver besucht werden. Es wurden dazu entweder solche ausgewählt, in denen noch keine oder nur vereinzelte Fundpunkte bekannt waren, oder solche, von denen wir wußten, daß dort aktive Lokalforscher tätig waren. Wir begannen im Raum um Tzaneen, wo uns J. G. R. WITT seine umfangreichen Sammlungen zugänglich machte und mit uns ins Gelände fuhr. Im Raum um Badplaas zeigte uns H. F. SENTKER seine leider immer noch unpublizierten Ausgrabungsplätze. Der im Kartenabschnitt liegende Teil Swasilands wurde nur wenige Tage bereist, weil P. BEAUMONT von seiner umfassenden Arbeit berichtete, die kurz vor der Drucklegung stünde (bis zum Abschluß des Manuskripts aber noch nicht erschienen ist). Einige Tage konnten wir auch im mittleren Teil des Krüger-Parks arbeiten. In Mosambik wurden die zugänglichen Küstenabschnitte systematisch abgesucht. Sie waren z. T. durch Stichstraßen erschlossen. Außerdem wurden Fundpunkte in der weiteren Umgebung von Maputo aufgesucht. Die von L. BARRADAS zusammengetragenen Sammlungen[2] gaben wichtige Hinweise.

1.2.1.2 Datenerhebung: ethnische und politische Einheiten

Im Februar 1968 einigten sich die damals sechs am AFRIKA-KARTENWERK interessierten Ethnologen unter der Leitung von J. H. SCHULTZE, auf den von ihnen zu entwerfenden Karten das „präkoloniale Verbreitungsgebiet" der „Stämme" zu erfassen. Dieser nach langer Diskussion zustandegekommene Kompromiß war aus vielen Gründen problematisch und der Rücktritt mehrerer Ethnologen läßt sich aus dieser Situation erklären. Die linguistisch-demographischen Karten (Blatt 10) können diese Lücke z. T. füllen. Für den Raum der Serie S traten durch die konkreten Möglichkeiten der interdisziplinären Zusammenarbeit und die vorherige Spezialisierung des Bearbeiters auf historische und archäologische Forschungen keine Schwierigkeiten bei der Umsetzung des Themas in ein konkretes Forschungs- und Kartierungsvorhaben auf.[3]

Die Themenstellung war in der zu behandelnden Form für diesen Teil Afrikas neu. Deshalb kann man eigentlich nicht von einem Forschungsstand sprechen. Es gab jedoch Anknüpfungspunkte bei den zu Verwaltungszwecken durchgeführten kolonialethnologi-

---

[2] Damals im Museu Álvaro de Castro (welches nach der Unabhängigkeit in Museu de História Natural umbenannt wurde). 1983 befanden sich die Funde zusammen mit unseren 1977 zurückgegebenen Funden im Departamento de Arqueologia e Antropologia der Universidade Eduardo Mondlane.

[3] J. RAUM, München, sollte ursprünglich Transvaal bearbeiten, mußte 1970 jedoch wegen anderer dringender Aufgaben zurücktreten.

schen Forschungen (CABRAL 1910, FERRÃO 1909, VAN WARMELO 1935, MYBURGH 1949, 1956).[4] Als Quellen lagen einige ältere Karten (u. a. RADDATZ 1886 a, b, GRANDJEAN 1900 und BERTHOUD 1903) und Monographien (JUNOD 1927, KRIGE und KRIGE 1943, ZIERVOGEL 1954 u. a.) vor, die das Einarbeiten erleichterten; jedoch waren Sprachen und Kulturen nur lückenhaft erfaßt. Diese Lücken wurden z. T. erst während der Forschungen deutlich und konnten nur zum Teil geschlossen werden. Die Feldarbeit konzentrierte sich auf Mosambik, wo u. a. durch die Untersuchung rezenter Töpferei eine Verbindung zu dem von KORFMANN und SMOLLA gesammelten archäologischen Material geschaffen werden sollte. Aus Zeitmangel und wegen des komplexen Genehmigungsverfahrens für Besuche in den „Bantu homelands" wurde in Südafrika lediglich ein einziger Besuch im Felde gemacht, im Staatsarchiv in Pretoria fanden sich jedoch einige interessante Dokumente aus der Zeit vor 1890. Die fehlenden Kontakte im Felde erschwerten aber die Charakterisierung und Abgrenzung ethnischer Gruppen. Die Forschungsperspektive in Mosambik und in Transvaal unterschied sich sehr.

1.2.2   Auswertung und Darstellung
1.2.2.1   Auswertung und Darstellung: archäologische Funde

Nach der Rückkehr wurde das Material nach Fundgattungen gegliedert, was in vielen Fällen auch eine zeitliche Einordnung bedeutete. Anschließend wurden die Koordinaten oder die genaue Lage der Fundpunkte bestimmt (*vgl. Kap. 3.1 und 3.5*), um sie später genau in die Karte übertragen zu können.

Die weitere Bearbeitung des Materials erfolgte dann auf der Grundlage der Ende 1969 getroffenen Vereinbarungen. Mitte 1971 lag je ein Kartenentwurf für die älteren und die jüngeren archäologischen Fundplätze vor und der dazugehörige überwiegend von M. KORFMANN unter Mithilfe von R. GERHARZ und A. REDLICH erstellte Fundkatalog vor. Gleichzeitig wurden Detailergebnisse der Feldforschungen als Vorträge auf dem 7. Panafrikanischen Prähistoriker-Kongreß in Addis Ababa, 1971, vorgelegt (KORFMANN 1976, SMOLLA 1976).

Als dann 1972/73 Richtlinien über den Umfang der Beihefte erschienen, ergab sich das Problem, daß der Fundkatalog und die notwendigen Abbildungen des archäologischen Fundmaterials, die eine wesentliche Information über die Funde darstellen, zusammen mit den Erläuterungen zu den historisch-ethnographischen Einheiten einen weit größeren Raum einnehmen würden, als ursprünglich zugestanden worden war. Hier konnten nur radikale Kürzungen und Abstriche an den Publikationsplänen helfen.

Die Art der kartographischen Darstellung entspricht der ursprünglichen Absicht, eine Fundortkarte mit ideogrammartigen Symbolen vorzulegen. Es wurde auch mit viergeteilten kreisförmigen Signaturen experimentiert, bei denen jeweils bestimmte Sektoren schwarz gefüllt waren. Diese waren jedoch schwer lesbar und mußten deshalb aufgegeben werden.

---

[4] In Mosambik hatte man 1967/8 zur Vorbereitung von „anti-subversiven Maßnahmen" Verbreitungsgebiete ethnischer Einheiten exakt zu kartieren versucht, jedoch lernte G. LIESEGANG die damals geheimgehaltenen Studien erst 1978 kennen.

1.2.2.2 Auswertung und Darstellung: ethnische und politische Einheiten

Aufgrund der vorliegenden Quellen, der gestellten Aufgabe und der Größe des Kartenblattes war schon vor der abschließenden Auswertung der Quellen für Transvaal eine Form gewählt worden, die der jetzigen ähnlich war. Eine Darstellungsform, wie sie für französische ethnodemographische Karten verwendet worden war (dazu Soret 1968, S. 359—60 und Brasseur 1972), schien nicht ratsam (u. a., weil keine statistischen Daten als Quelle vorhanden waren); auch rezentere britische Arbeiten waren meist mit anderer Zielsetzung und auf anderem Maßstab durchgeführt worden (Goldthorpe & Wilson 1960). Es gibt Beispiele von historischen Karten, die auf der Auswertung mündlicher Quellen beruhen, z. B. Low 1972. Jedoch war bei dem hier zitierten Fall das Kartengebiet mit etwa 10 000 km² mehr als zwanzigmal kleiner als das Kartengebiet der KS.

Auch nach der Neuplanung und Umbenennung des Kartenblattes 1969, blieb die Thematik in etwa gleich. Neben ethnischen Gruppen sollten in einigen Fällen Grenzen politischer Einheiten gezeigt werden. Da bei Abschluß der Datenerfassung die archäologischen Fundplätze bereits in einem Kartenentwurf vorlagen, konnte bei der Darstellung und Gestaltung der Karte darauf Rücksicht genommen werden. Die Häufung der Funde im Raum um Tzaneen war z. B. ein Argument dafür, in diesem Raum auf die Darstellung politischer Grenzen zu verzichten, obwohl die Quellen schematische Angaben für die Zeit um 1880 ermöglicht hätten.

Die Farben wurden 1970 und 1973 in Anlehnung an die Pläne für die Karte S 10 (Köhler 1981) gewählt bzw. modifiziert. Bezüglich der Größe der Beschriftungen wurden bei der Reinzeichnung 1973/74 auch Pläne für die Karte N 10 (Becker & Herzog 1976) berücksichtigt.

1.3 Zur Möglichkeit der Kombination historischer und archäologischer Quellen

Bei Beginn der Arbeiten bestand die Hoffnung, „ethnische Einheiten" über die materielle Kultur, insbesondere die Keramik, zeitlich zurückzuverfolgen. Dies scheiterte jedoch aus zwei Gründen: 1. Die Funddichte war zu gering, um zu gesicherten Schlüssen zu gelangen. 2. Die Grenzen der ethnischen und politischen Einheiten, die uns in historischen Quellen entgegentreten, decken sich in vielem nicht mit den Verbreitungsgrenzen materieller Kulturgüter. Die Verbreitungsgebiete, die Ethnographen, Linguisten und Archäologen herausarbeiten, können daher oft nicht aufeinander bezogen werden. Nur bei entsprechender Zahl von Funden und Befunden sowie über mehrere Generationen hin gleichbleibenden politischen Grenzen ließe sich ein historischer Prozeß interdisziplinär herausarbeiten.

Deshalb wurden nur von Fall zu Fall methodische Probleme und Interpretationen von Fundmaterial erörtert. Dieses Beiheft und andere nebenher entstandene Veröffentlichungen sind ein Ergebnis dieser Zusammenarbeit.

2   Die archäologischen Fundgattungen

Auf der Karte werden folgende Fundgattungen unterschieden: Ruinen und Terrassen, Muschelhaufen, Keramik, durchbohrte Steine (bored stones), Seifensteinschalen, Steingeräte (soweit mit eisenzeitlichen Hinterlassenschaften assoziiert), Spuren von Metallverarbeitung (wobei Kupferbearbeitung noch einmal besonders hervorgehoben wurde), nicht weiter spezifizierbare eisenzeitliche Fundplätze, Felsmalereien und Felsritzungen, die z. T. aber noch der späten Steinzeit (LSA = Later Stone Age) zugeordnet werden können.

2.1   Die Späte Steinzeit (LSA)

Die Zuweisung von steinernen Artefakten zu den Großperioden: Earlier, Middle and Later Stone-Age (ESA, MSA, LSA) war im Gelände in der Regel problemlos. Das gilt sowohl für reine Oberflächenfunde als auch für die vielen Funde in natürlichen Erosions-Aufschlüssen (Dongas) oder Materialgruben für den Straßenbau usw. Auch eine Unterscheidung des vor allem in den Schottern mancher Flüsse überreich vertretenen Sangoan von anderen ESA-Vorkommen war meistens möglich. Während man sowohl bei den Sangoan-Vorkommen als auch im Gebiet östlich von Barberton bis zum nordwestlichen Swaziland, das unter einer dünnen Deckschicht mit MSA-Artefakten buchstäblich übersät ist, von Fundlandschaften sprechen kann, die durch Funde einer bestimmten Gattung und Zeitstellung geprägt sind, läßt sich das von den Fundstellen, die hier als LSA klassifiziert werden, nicht sagen. Das Verhältnis zum MSA — es liegen einige stratigraphische Befunde vor — ist hier nicht zu behandeln, ebensowenig die Frage der „Lebombo industry" (KORFMANN 1976). Soweit die LSA-Fundstellen bisher näher klassifiziert wurden, sind sie als „Smithfield" bezeichnet.

Wir haben jede Untergliederung vermieden, da die Zahl der typischen Artefakte in der Regel nicht ausreichte, um ein Typenspektrum aufzustellen. Es dürfte aber kein Zufall sein, daß „mikrolithische" Industrien nur ausnahmsweise vorkommen. Einige Befunde legen nahe, daß „spätsteinzeitliche" Elemente mit „eisenzeitlichen" zusammengehören. Das kann sowohl als Kontakt zweier verschiedener Traditionen gedeutet werden, als auch als Übergangserscheinungen. In der Regel dürfte u. E. die erste Deutung zutreffen.

Überraschend war die Fundverteilung an der Küste, die wir von Norden d. h. von der Region um Inhambane aus untersuchten. Bis zur Limpopo-Mündung fanden wir kein einziges Artefakt — und sei es auch nur ein atypischer Abschlag —, das einer steinzeitlichen Industrie hätte zugeordnet werden können. Die gelegentlich zusammen mit Scherben und Muscheln vorkommenden Trümmerstücke aus Küstensandstein sind so grob zugeschlagen, daß sie nur durch die Fundumstände als „Artefakte" zu erkennen waren. Nur ganz vereinzelt zeigen sie Glättungsspuren, wie sie bei Reibsteinen entstehen. Diese Trümmer scheinen zu beweisen, daß die Kenntnis spezieller Steinbearbeitungstechniken damals schon verloren gegangen war. Umso überraschender war die verhältnismäßig große Zahl mehr oder weniger gut bearbeiteter Steinwerkzeuge und dazugehöriger Abschläge im Bereich von S. Martinho (seit 1975 Praia de Bilene). Sie wurden offensichtlich aus kleinen bis mittelgroßen Geröllen verschiedenster Gesteinsarten geschlagen, deren Zusammensetzung nach R. FÖRSTER mindestens in einigen Fällen auf eine Herkunft aus Transvaal schließen läßt. Weder im mittelbaren Bereich von Dünengürtel, Lagune, noch in dem anschließenden Hinterland fanden wir Schotter *in situ*, die als Rohstoffquelle hätten dienen können. Die wahrscheinlichste Deutung des Befundes ist, daß die Gerölle vom Unterlauf des Incomati (Komati) stammen, dessen Mündung seinerzeit sogar im Bereich von S. Martinho gelegen haben könnte. Die Geschichte von Sofala und Mambone (BARRADAS 1967) zeigt, welche Veränderungen im Küstenbereich, besonders natürlich an den Flußmündungen, in den letzten Jahrhunderten stattfanden. Nach unseren Beobachtungen der Erosionen und Umlagerungen an der Limpopo-Mündung sind entsprechende Veränderungen noch in vollem Gang.

Da außer den fertigen Werkzeugen auch unfertige sowie Kernsteine und Abschläge vorliegen, wurden sie offenbar an Ort und Stelle verarbeitet. Außerdem fanden wir an diesen Plätzen auch unbearbeitete, meistens sehr kleine Gerölle, die aus dem gleichen Rohstoffvorkommen stammen, ein weiteres Argument dafür, daß Schotterablagerungen geringer Mächtigkeit in der Nähe zugänglich waren.

Noch problematischer als die Herkunft des Rohmaterials ist die typologische Einordnung der Steinwerkzeuge. Es fehlen alle Schaber- und Kratzerformen, wie sie für die „Smithfield"-Gruppen typisch sind. Auch der „segmentähnliche" Mikrolith von M 30 (*Fig. X, 2*) erlaubt keine Zuordnung. Verblüffend ähnlich sind die beiden Spitzen von den benachbarten Fundplätzen M 30 u. M 31 (*Fig. X, 1 u. 3*), für die wir bisher keine Parallele fanden. Das ist umso bemerkenswerter, als dieser „Typus" zwar funktional als Pfeilspitze bestimmt werden müßte, obwohl Steinpfeilspitzen — außer verhältnismäßig wenigen, gestielten Exemplaren in Lesotho und dem Orange Freistaat — im ganzen südlichen und östlichen Afrika fehlen. Diese Spitzen sind möglicherweise mit den stark verwitterten Scherben, bei denen sie lagen, gleichzeitig. Ob man das von allen dort (M 30 und M 31) gefundenen Steinwerkzeugen und Abschlägen sagen kann, ist fraglich. Älter sind wahrscheinlich die Abschläge mit präparierter Basis (*Fig. X, 4, XI, 9, 10*), zumal auch von M 32 (*Fig. X, 8*) ein solcher Abschlag vorliegt und wir dort keine Scherben fanden. Auch die Spitzen (*Fig. X, 5 u. 6*) könnten in einen älteren Zusammenhang gehören; denn Größe und Gewicht sprechen gegen eine Interpretation als „halbfertige" Pfeilspitzen.

2.2 Bored Stones

Wir übernehmen diese Bezeichnung, weil sie für diese Fundgattung über Afrika hinaus zum festen Terminus geworden ist. Ihre Verbreitung innerhalb des Kartenblattes ist deutlich: Alle Vorkommen liegen in Transvaal. Aus dem Krüger-Park, aus Swaziland und aus Mosambik ist uns kein sicher lokalisierbarer Fundplatz bekannt geworden. Dieses Verbreitungsbild: teils regional dichte Fundstreuung, teils Fundarmut bis Fundleere wurde schon früh als auffällig hervorgehoben (VAN RIET LOWE 1941, S. 320). Es scheint sich sogar über Afrika hinaus um ein „globales" Phänomen zu handeln (SMOLLA 1960, S. 50 ff.). Das ist umso merkwürdiger, als es sich um eine Typengruppe handelt, für deren Funktion es verschiedene Deutungen gibt und bored stones sowohl in spätsteinzeitlichen[5] als auch in

---

[5] Z. B. in der Border Cave in Zusammenhang mit „Early L.S.A.." (BEAUMONT et al. 1978, S. 411).

eisenzeitlichen Fundgruppen vorkommen — vereinzelt sogar im neueren ethnographischen Verband. Daß es sich bei den größeren Stücken (Goodwin's „Bantu Typ") um eisenzeitliche Grabstockbeschwerer handelte, ist kaum bestreitbar (vgl. Exemplar aus T 163). Auch für die kleineren wohl überwiegend spätsteinzeitlichen Stücke ist diese Funktionsdeutung zwar wahrscheinlich, sie können aber auch als Keulenköpfe verwendet worden sein. Bei einer so auffälligen Form liegt es nahe, daß es zu sekundären Verwendungen — sei es in gleicher, sei es in anderer Funktion — kam, und daß deswegen der Herstellungs- und der letzte Verwendungsort nicht unbedingt identisch sein müssen.

Wir haben aus diesen Gründen von einer genaueren Typenanalyse dieser Fundgruppe abgesehen, wie sie schon von *Goodwin* (1947) für ganz Südafrika versucht worden war. Dieser (1947, S. 193 ff.) hatte das Fehlen eisenzeitlicher bored-stone-Typen in bestimmten Gebieten mit einer damaligen Verbreitung der Tsetse-Fliege in Beziehung gesetzt. So einleuchtend diese Deutung gerade für unser Arbeitsgebiet zu sein scheint, zur Erklärung des überregionalen Phänomens der begrenzten Verbreitungsschwerpunkte reicht sie nicht aus.

2.3 Muschelhaufen

Abgesehen von der vereinzelten Anhäufung von Molluskenschalen in Transvaal (T 15), die zu den in Afrika nicht außergewöhnlichen Vorkommen in der Nähe von Binnengewässern gehört, liegen alle übrigen Fundstellen an der Küste. Die Mächtigkeit der Anhäufungen ist in der Regel bescheiden. Reste meterdicker Ablagerungen, die großenteils zur Befestigung der Küstenstraße bei Chonguene abgeräumt waren, sehen wir nur einmal (M 15). Sonst handelt es sich um Ablagerungen von 5—30 cm Dicke. Gelegentlich wurden noch schwächere Ansammlungen als Muschelhaufen bezeichnet. Auf den bei Ebbe freiliegenden Sandsteinkliffen beobachteten wir fast überall Frauen und Kinder, aber auch viele Männer, die offenbar alles Genießbare in ihre Körbe einsammelten. Der Anteil von Seeigeln, kleinen Fischen, Würmern überwog dabei den von Muscheln und Meeresschnecken bei weitem. Ob auch größere, dauernd unter Wasser liegende Muschelbänke vorhanden sind und ob diese saisonal abgesammelt werden, konnten wir nicht erfahren. Die meist nur geringe Mächtigkeit der Ablagerungen könnte dagegen sprechen. Obwohl die Sammelnden von ihren Wohnstätten in der Regel mehrere Kilometer bis zur Küste zu laufen hatten, konnten wir nicht beobachten, daß sie ihre Ausbeute am Strand verzehrten. Wir sahen aber mehrere Plätze, an denen offenbar vor kurzer Zeit Muscheln gekocht worden waren, wie die Reste angekohlter Hölzer bewiesen. Manchmal war auch aus der Lage einer Muschelstreuung im Schatten einer besonders hohen und steilen Düne ersichtlich, daß sie höchstens einige Jahrzehnte alt sein konnte. Deutlich zu unterscheiden waren Ablagerungen, die von Dünen überlagert bzw. in Dünen eingelagert oder sekundär freigelegt waren. Zur Zeit ihrer Entstehung muß das Relief der Dünen von dem heutigen sehr verschieden gewesen sein. Leider konnten wir der Frage nach den holozänen Veränderungen der Küstenmorphologie nicht nachgehen, zumal sie offensichtlich örtlich verschieden waren. Das gilt besonders für den südlichen Teil von Maputo bis zur Ponta do Ouro. Nach Form- und Verfestigungsgrad waren aber in der Regel mindestens zwei Phasen deutlich unterscheidbar.

Unabhängig davon bestätigte sich im nördlichen Küstenabschnitt immer wieder, daß Muschelhaufen aller Art und Zeitstellung fast ausschließlich an den Stellen vorkommen, wo das schon erwähnte Sandsteinkliff vorgelagert ist. Ferner häuften sich die Fundstellen an den küstennäheren Abschnitten der „Quertäler" im Dünengürtel, durch die man vom Hinterland zur Küste gelangen konnte. In dem erwähnten südlichen Küstenabschnitt mit seinem hohen, durchgehenden Dünenzug könnte man höchstens von „Pässen" sprechen. Dort ist dementsprechend auch die Fundsituation ganz anders.

Während keramische Reste nahezu regelmäßig zusammen mit Muschelansammlungen vergesellschaftet waren, fanden wir fast genauso viele Muschelhaufen ohne keramische Reste. Bei den jüngsten Vorkommen ließe sich das damit erklären, daß Metallgefäße zum Kochen benutzt wurden. Das gilt aber nicht für die nicht geringe Zahl von Muschelhaufen, die nach ihrer Lage aus einer Zeit stammen müssen, in der nicht mit Metallgefäßen gerechnet werden kann. Aber auch für die Annahme, es handele sich um eine frühe „präkeramische" — d. h. hier „voreisenzeitliche" — Schicht, gibt es nicht den geringsten Hinweis. Selbst wenn sich später ein Beleg dafür finden sollte, kann u. E. kein Zweifel bestehen, daß der größte Teil der keramiklosen Muschelhaufen mit den übrigen gleichzeitig ist.

Dies wird auch dadurch bestätigt, daß uns keine Spuren von „Strandlooper"-Keramik bekannt wurden. Wenn SENNA MARTINEZ (1969, S. 48) glaubte, sie entdeckt zu haben, so hat er wahrscheinlich bald nach uns die selben Plätze aufgesucht — sie waren ihm auf der Karte bezeichnet worden — die wir schon abgesucht hatten. An manchen Stellen konnten wir nicht alle Scherben mitnehmen und ließen die unverzierten zurück. Dies sind vermutlich die von ihm den Strandloopern zugewiesenen Plätze.

Es wäre auch möglich, daß die keramiklosen Muschelhaufen unter anderen Voraussetzungen entstanden, als die in denen Scherben gefunden wurden, sei es jahreszeitbedingt, sei es, daß die Muscheln nicht durch Kochen in Gefäßen sondern durch unmittelbare Feuer- bzw. Gluteinwirkung geöffnet wurden. Denn, wie fast überall, wo man darauf achtete (SMOLLA 1960, S. 24), fanden auch wir keinen Hinweis auf mechanisches Öffnen der Muscheln. Für diesen Zweck geeignete Steinwerkzeuge fehlen. Die groben Brocken vom Küstensandstein sind völlig ungeeignet und auch unter den Steinwerkzeugen im Bereich von S. Martinho kämen nur wenige in Betracht. Die — auch in dem keramiklosen Muschelhaufen — deutlichen Feuerspuren und die häufig zu beobachtenden ineinander geschobenen, geöffneten Muscheln sprechen auch hier für Abtötung und Öffnung der Muscheln durch Hitzeeinwirkung. Nach Quellen des frühen 19. Jhs. wurden auf den Bazaruto-Inseln mit dieser Technik die Muscheln geöffnet (RITA-FERREIRA 1982, S. 99—100).

Es sei noch darauf hingewiesen, daß die gelegentlich aufgestellte Behauptung, es gäbe im südlichen Mosambik Muschelhaufen paläolithischer Zeitstellung, sich nicht bestätigen ließ. Es handelt sich bei den betreffenden Plätzen nach unseren Beobachtungen um Austernbänke, die sich unter Wasser gebildet haben (SMOLLA 1976, S. 266).

2.4 Felsmalereien

Die verhältnismäßig große Zahl von Plätzen mit Malereien innerhalb des Kartenblatts sollte nicht zu ihrer Überschätzung führen. Meistens sind es nur wenige, nicht besonders qualitätvolle Darstellungen. Die Fülle, Vielfalt und Qualität wie sie sich im südlicheren

Bereich der „Drakensberg" — im weiteren Sinne — d. h. in Natal, Lesotho, den östlichen Orange-Freistaat bis ins Kapland findet, gibt es hier nicht. Z. T. mag es auch daran liegen, daß zur Anbringung und Erhaltung günstige Gesteinsformationen seltener sind. Auch nach dem Stil der Darstellungen handelt es sich um Ausläufer der Felsmalerei der „Drakensberg"-Region. Zur weiter nördlich gelegenen Region im heutigen Simbabwe scheint es keine Beziehungen zu geben.

Obwohl die Malereien in der Regel spätsteinzeitlichen Bevölkerungsgruppen bzw. den in deren Tradition stehenden Buschleuten zuzuordnen sind, ist aus ihrem Verbreitungsbild innerhalb des Kartenblatts noch keine nähere Zuordnung zu anderen spätsteinzeitlichen Fundgruppen — Steinwerkzeugen bzw. bored stones — möglich.

2.5 Felsritzungen (Engravings)

Seltener als Malereien sind die Ritzungen. Die für die zentrale Südafrikanische Hochebene typischen Tierdarstellungen, die der späten Steinzeit zuzuordnen wären, scheinen in der Region des Kartenblatts zu fehlen. Was wir an Ritzungen sahen, unterscheidet sich, was Motive, Fundsituation und Technik angeht, deutlich von jenen.

Von überregionaler Bedeutung scheint uns das Vorkommen auf Farm Boomplats 24 (T 68) bei Lydenburg zu sein. Dort wird bis zur Gegenwart — von Kindern und Hirten? — in den weichen Stein geritzt, wie Darstellungen von Autos und Traktoren beweisen. Auch Grabsteine werden in mittelbarer Nähe aus den Steinblöcken geschnitten und zugerichtet. Wie aus den verschiedenen Graden von Verwitterung und Patinierung der durch Ritzung bzw. Pickung eingearbeiteten Linien hervorgeht, wird damit eine Tradition fortgeführt, die mindestens einige Jahrhunderte zurückgeht. Die Zahl der verschieden großen Blöcke, auf denen sich Ritzungen befinden, ist wahrscheinlich wesentlich höher als 100. Dem entspricht eine große Vielfalt des Dargestellten. Mehr oder weniger geometrische Zeichen sind selten. In der Regel sind es Gebilde mit unregelmäßiger Linienführung, die natürlich auch von Größe und Form des Steinblockes abhängen, auf dem sie angebracht wurden. Ihre Interpretation könnte nur nach einer in jeder Hinsicht vollständigen Dokumentation in Angriff genommen werden. Subjektive Auswahl könnte zu phantastischen Deutungen führen, vor denen ausdrücklich gewarnt werden muß.

2.6 Ruinen und Terrassen

Zu den archäologischen Erscheinungen innerhalb des Kartenblattausschnittes, deren Verbreitungsschwerpunkte nördlicher liegen, gehören in erster Linie Ruinen und Terrassen. Der Ruinenkomplex von Groß Simbabwe wurde namengebend für einen Staat, in dem sich auch die Inyanga-Terrassen befinden, für die es im übrigen Afrika nichts vergleichbares gibt. Entgegen mancher Vorurteile war und ist die Verwendung von — trockengesetzten — Steinen für Terrassen-, Einfriedungs- und Gebäudemauern auch in großen Teilen des südlichen Afrika üblich. Freilich ist diese Bauweise in der Gegenwart seltener geworden und auch die älteren Bauten sind bescheidener als die in Simbabwe. Deshalb ist es oft schwer, zwischen Acker- und Wohnterrassen zu unterscheiden. Ältere Ackerterrassen sind in der Regel kaum noch erkennbar. Wir sahen im oberen Molototsi-Tal (T 6,7,10) auch terrassierte Felder. Sonst handelt es sich meistens um Terrassierungen, die zur Bildung von

Wohnpodien dienten. Außergewöhnlich ist die gut erhaltene, ovale Befestigungsanlage auf dem Mamadsima-Berg (T 7), die spätestens in der 1. Hälfte des 19. Jh. erbaut wurde. Auch von der 1879 zerstörten befestigten Siedlung Sekhukhunis auf der Farm Dsjate 249 (T 49) sind noch Reste erhalten. Eindrucksvoll sind die im offenen Gelände liegenden ovalen Kraalumfriedungen durch bis zu 2 m hohen aber nur bis a. 0,5 m dicken Mauern in der Nähe von Machadodorp (T 81). Neuere Zusammenfassende Bearbeitungen (MASON 1968, MAGGS 1976) galten vor allem den Bereichen südlich und westlich des Kartenblattausschnitts. In den vorwiegend baumlosen Hochflächen ließen sich dort die Anlagen bei systematischen Luftbildanalysen gut herausarbeiten. Da der größte Teil der Ruinen innerhalb des stärker mit Buschwald bestehenden Teils des Kartenausschnitts liegt, waren die Voraussetzungen für derartige Luftbildanalysen hier nicht gegeben. Mit Sicherheit gibt es wesentlich mehr Ruinen und Terrassen als wir erfassen konnten.

2.7 Keramik

Die Keramik des südlichen Afrikas wurde von SCHOFIELD (1948) in einer zusammenfassenden Arbeit behandelt. Diese war bis in die sechziger Jahre in großen Zügen maßgebend. Funde aus dem Gebiet des Kartenausschnittes werden darin nicht berücksichtigt, weil kaum Material vorlag. Daran hatte sich bis zum Beginn unserer Reise nur wenig geändert. Deswegen gab es auch für das Material, das wir in Mosambik gesammelt hatten, keine Vergleichsmöglichkeiten. Ein erster Gliederungsversuch wurde 1971 auf dem 7. Panafrikanischen Prähistorikerkongreß vorgetragen (SMOLLA 1976). Ungefähr zur gleichen Zeit wurde auch von anderer Seite versucht, diese Lücke zu schließen (KLAPWIJK 1974, IRON AGE RESEARCH 1976). Um Lydenburg fanden genauere Untersuchungen statt (INSKEEP & MAGGS 1975, EVERS 1980). Damit ist die Zahl der Fundstellen seit Abschluß der Datenaufnahme stark gewachsen und deshalb soll an dieser Stelle auch Literatur berücksichtigt werden, die nach 1971 erschien. Danach lassen sich einige unserer Keramik-Gattungen sicherer einordnen.

Der Zeitraum, in dem im Gebiet des Kartenblatts Keramik verwendet wurde, umfaßt nach jetzt bekannten Datierungen etwa 1800 Jahre.

Nach Verzierungstechniken und einigen Verzierungsmotiven lassen sich im Material auf *Fig. I—XVII* 15 Waren unterscheiden (wobei die rezenten nur zum Teil berücksichtigt wurden). Die 15 Waren werden zu zwei Gruppen (A.—F. und G.—O.) zusammengefaßt.

2.7.1 Waren der früheren und mittleren Eisenzeit

A. Für die wohl früheste eisenzeitliche Ware, die u. a. durch verdickte und fazettierte (auch kanellierte) Ränder an schalenförmigen Gefäßen und eine Rillung unterhalb der Mündung bei Töpfen gekennzeichnet ist (vgl. CRUZ E SILVA 1976), wurde 1968 nur ein Beleg (*Fig. VII, 4*) gefunden. Sie ist jedoch inzwischen an zumindest vier weiteren Plätzen im Kartengebiet angetroffen worden (Silver Leaves, Matola, Chongoene, Xai-Xai, vgl. KLAPWIJK 1974, IRON AGE RESEARCH 1976, *Karte 1a*).

B. Von einer anderen Ware, die durch ein diagonal eingestempeltes Band unter dem nach außen umgeknickten Rand mancher Gefäßtypen gekennzeichnet ist, wurde auch nur eine eindeutig identifizierbare Scherbe gefunden (*Fig. I, 2* von M 4). Es gibt Vergleichsmaterial aus Xai-Xai (SENNA-MARTINEZ 1976, Fig. 15 A, 16 A), aus der Gegend von Lyden-burg in Transvaal (INSKEEP & MAGGS 1976, Fig. 2, 3) und Natal. Auch diese Ware dürfte früheisenzeitlich sein.

C. Eine Gruppe mit tiefen Chevron-Einritzungen ist von der vorhergehenden zu unter-scheiden. Die Fundstelle M 120 (*Fig. XV, 1—8*) zwischen Jangamo und Inhambane war 1981 fast ganz verschwunden, jedoch ist aus der gleichen Region noch der Fundplatz M 6 (*Fig. II, 5*) bekannt.

Eine ähnliche Scherbe liegt aus Sofala vor (LIESEGANG 1972, Fig. 4 s), ähnliche Verzie-rungen auch aus Transvaal (INSKEEP & MAGGS 1975) und Natal. Eine früheisenzeitliche Stellung (5.—7. Jh. oder später?) scheint möglich.

D. Nach SENNA-MARTINEZ (1976), MAGGS (1976) und SINCLAIR (1982, S. 155) fällt eine bestimmte Ware mit eingeritzten auf der Basis stehenden Dreiecken noch in die „frühe Eisenzeit", vermutlich an ihre Endperiode, also etwa in das 9.—10. Jh. Wahrscheinlich hieran anschließen lassen sich die Funde vom Fundplatz M 9 (*Fig. II, 6—8*), M 10 (*Fig. IV*), M 26 (*Fig. IX, 3*), M 43 (*Fig. XIV, 6*); vgl. SENNA-MARTINEZ 1976, Fig. 3, 7, 8, 12. Im Gebiet von Inhambane, und zwar im Raum Panda/Furvela/Morrumbene kommen jedoch eingeritzte auf der Basis stehende Dreiecke über dem Umbruch rezent noch vor (LAWTON 1967, S. 382, LIESEGANG 1976, S. 286, Fig. 11, Beobachtung LIESEGANG 1981). Deshalb sollte man mit Zuordnungen aufgrund eines einzigen Merkmals vorsichtig sein. Vielleicht handelt es sich auch um eine bei einigen Tonga-Gruppen weiterlebende Tradi-tion. Falls dies zutreffen sollte, wäre es wichtig zu untersuchen, wann diese Elemente im Bereich Chidenguele/Chonguene/Xai-Xai aufgegeben wurden. (Dies könnte eventuell dazu beitragen, zu verstehen, wie die Tonga ethnisch zerfielen.)

E. In die frühe oder eventuell eine „mittlere" Eisenzeit dürfte wohl auch noch die rie-fenverzierte Keramik des Fundplatzes M 147 fallen (*Fig. XV, 25—28*). Eine ähnliche Ware wurde von LIESEGANG 1981 im Nationalmuseum von Swasiland gesehen.

Hier z. T. anzuschließen sind Funde von M 10 (*Fig. III, IV*), M 14 (*Fig. VI, 1—7*), M 19 (*Fig. VII, 1—2*), M 31 (*Fig. XI, 4*), vgl. auch SENNA-MARTINEZ 1976, Fig. 19, 20 A. Ob dies eine einheitliche Gruppe ist und wie diese chronologisch einzuordnen wäre, be-dürfte noch genauerer Untersuchungen.

F. Die Funde von M 19 (*Fig. VII, 3—4*) und M 31 (*Fig. IX, 12*) mit Resten von Öse oder Henkel gehören wahrscheinlich noch in die Periode um 800—1100. Gefäße mit Henkeln sind auch aus Chibuene bei Vilanculos bekannt geworden (SINCLAIR 1982). Bei Vilanculos bestand noch im 16. Jh. eine islamische Kolonie, und es wäre zu überlegen, ob derartige Formen nicht durch Importe aus dem Raum um den persischen Golf angeregt worden sein könnten.

2.7.2 Späte Waren

G. In dem hier vorgelegten Material tauchen vereinzelt Scherben mit Kammstempelung oder Einstichen auf [M 127, M 130, M 131, K 1 (*Fig. XV, 15, 19, 20, 24, Fig. XVI, 1—2*)], die wir aber nur mit Vorbehalt den späten Waren zuordnen können. Mit Funden aus dem Raum um Tiobene (= M 130?) hat sich DUARTE 1976 beschäftigt.

H.—J. Einer relativ jungen Periode werden fast alle mit Muscheleinstempelungen verzierten Waren zugeordnet. Muscheleinstempelung wird rezent noch in Bilene, bei Marracuene und Catuane verwendet (LIESEGANG 1976, S. 263/64 und Fig. 4, 5 und 15). Subrezent kommt sie auch weiter nördlich, um Macupulane auf den Fundplätzen M 141—146
vor. Für die genaue Datierung im Bereich von Inhambane (*M 12, Fig. V, 3—5*) fehlen jedoch Anhaltspunkte. Die muschelverzierten Funde von M 38 (*Fig. XIV, 2—4*), M 71,
M 88 (*Fig. XIV, 13—14*) sowie M 126 (*Fig. XV, 12—13*) unterscheiden sich von der rezenten Keramik, so daß man ihnen wohl mindestens ein Alter von einem Jahrhundert oder
mehr zubilligen kann. Ein Teil der Funde von M 35 ähnelt in der Gefäßform rezenten
Wassergefäßen aus Marracuene, jedoch sind die Verzierungen etwas anders gestaltet
(*Fig. XII, 8—9, XIII, 2*). Bei anderen Formen (z. B. *Fig. XIII, 1*) geben Profil und Dekor
weniger Vergleichsmöglichkeiten. Es scheint möglich, daß sich die muschelverzierte Keramik aus Bilene über mehrere Jahrhunderte verteilt. Wahrscheinlich gehört sie in denselben
Zusammenhang wie das Material aus Xai-Xai (*vgl. Fig. VI—IX, XI—XIV*).

K. Die Verbreitung der Muschelverzierung überschneidet sich im Gebiet nördlich von
Xai-Xai mit dem Verbreitungsgebiet der eingestempelten oder eingeritzten Rauten von
1—2 cm Länge, einer charakteristischen Verzierungsform (*Karte 16, Fig. VII, 7; XVII, 19,
20; evtl. V, 1—2*). Sehr viel größere Rauten (über 5 cm) gab es in der früheren Eisenzeit
Natals (SCHOFIELD 1935, S. 526, HALL 1978, Fig. 3). In Mosambik scheinen kleine Rauten
für die Keramik des 19. Jh. typisch zu sein. EVERS (1975, S. 74), der den Fundplatz T 9
(Eiland) neu absuchte, meinte gewisse Anknüpfungspunkte an Keramik der Zeit um 1100
zu finden. DUARTE (1976, S. 18) plädierte aber für ein späteres Datum. Wahrscheinlich
überschätzte EVERS die „Lebensdauer" eisenzeitlicher Waren. Die von ihm vorgeschlagene
Sequenz dürfte daher noch erhebliche Lücken haben.

L.-M. Einflüsse aus dem Norden (und zwar aus dem Gebiet der Shona-Völker) zeigen
sich bei einer Reihe von Gefäßen, die am weitesten Durchmesser ein Band mit einfacher
oder mit Kreuzschraffur tragen (*Fig. XVI, 3—7, 10—16; XVII, 1—11, 14, 21, 25*). Historische Quellen lassen vermuten, daß diese Einflüsse auf eingewanderte Rozwi oder durch
diese vertriebene Gruppen aus dem heutigen Simbabwe zurückgehen. Das gilt vermutlich
auch für die anderen Verzierungsarten von T 2, T 9 und T 24 (*Fig. XVII*). Vielleicht gehört auch die Tradition der Ngumbi oder Thovolo, die im Gebiet des Fundplatzes K 2 lebten, in denselben historischen Zusammenhang.

Kreuzschraffur auf der Gefäßschulter, wie sie bei den Ndau im Gebiet von Macupu-
lane-Manjacaze bis ca. 1940 üblich war (LIESEGANG 1974 a), gehört in einen anderen Zusammenhang, sie wurde von den Ndau 1889 aus dem Gebiet von Musurize mitgebracht.
Ob die Kreuzschraffuren bei Malehise und im Limpopotal auch auf diese Quelle zurückgehen, muß vorerst offenbleiben. (Es scheint aber möglich.) Zu einer älteren Tradition
könnten die Gefäße mit einem Band feiner Kreuzschraffur aus dem Bereich Chidenguele
(M 10, *Fig. IV*), die bereits unter E. genannt wurden, gehören.

N.—O. Vier Scherben mit ausgeprägten Randprofilen könnten rezent sein (*Fig. I, 7;
XV, 21—23*).

2.7.3 Abschließende Bemerkungen

Einzelne Formen sind bei dieser Gliederung nicht erwähnt worden, so u. a. die boudiné-Auflagen von M 126, für die es wohl Entsprechungen in Natal gibt. Riefen auf der Innenseite einiger Scherben (*M 5, Fig. I, 12—16; II, 1;* M 130) müssen nicht unbedingt als Verzierungen oder funktionell gedeutet werden. Sie können insbesondere bei grober Keramik auch nicht geglättete Arbeitsspuren sein. Zum Treiben und Modellieren verwenden die Töpferinnen nämlich häufig Muscheln, die derartige Spuren hinterlassen.

Die hier vorgeschlagenen zeitlichen Zuordnungen beruhen auf der Kenntnis sowohl datierter älterer Keramik als auch rezenter und subrezenter Stile. Bisher nur ungenügend bekannt ist die Verbreitung der unterschiedlichen Waren. Es ist damit zu rechnen, daß durch weitere Forschung das Material feiner differenziert werden kann. Schon beim gegenwärtigen Forschungsstand fällt die Verschiedenartigkeit in dem begrenzten, von uns untersuchten Abschnitt der Küste auf. Dies spricht dafür, daß die Kommunikationslinien jeweils vom Inland zur Küste verliefen und nicht entlang der Küste selbst.

2.8 Sonstige Fundgattungen

Die übrigen Fundgattungen benötigen keinen ausführlichen Kommentar, weil die entsprechenden Angaben weitgehend auch aus dem Fundortkatalog entnommen werden können. Bei den Seifensteinschalen handelt es sich um Gefäße oder Gefäßreste, die z. T. deutliche Spuren der Bearbeitung mit Metallgeräten tragen. Sie wurden von MASON (1962, S. 426—27) als Gefäße gedeutet, die bei der Salzherstellung verwendet worden sein könnten (dazu auch *Evers* 1979, S. 107).

Unter Spuren von Metallbearbeitung wurden Reste von Düsen von Blasebälgen, Verhüttungsöfen, Schlacken etc. verstanden. Eisenverhüttung wurde noch gegen 1870 beobachtet. Eines der wichtigsten Zentren der Eisen- wie auch der Kupferverarbeitung war das Gebiet von Phalaborwa (VAN DER MERWE & SCULLY 1971). Die einheimische Kupferproduktion ging vermutlich schon im frühen 19. Jh. durch Kupferimporte aus dem Küstengebiet zurück. Die typischen stabförmigen Barren mit einem trichterförmigen Ansatz waren jedoch in Osttransvaal noch um die Mitte des 19. Jhs. ein auch von Europäern begehrtes Zahlungsmittel.

2.9 Was bedeuten die Fundverteilungen?

In der prähistorischen Forschung gibt es Stadien, bei denen die Fundverteilung lediglich die Gebiete, in denen Archäologen aktiv gewesen sind, von solchen unterscheidet, die von archäologisch Interessierten nicht besucht wurden. Über dieses Stadium ist die Forschung gegenwärtig (1983) schon hinaus. Bei einigen späteisenzeitlichen Formgruppen zeichnen sich schon Verbreitungsgebiete ab. Außerdem sind einige Fundgattungen vorhanden, deren Verbreitung durch ökologische Faktoren begrenzt ist: Muschelhaufen, Terrassen, Felsmalereien, Felsritzungen.

Terrassen sind ein Anzeichen dafür, daß die Erosion in Wohn- und Feldbaugebieten zu bestimmten Zeiten bereits ein Problem darstellte, und daß Gegenmaßnahmen getroffen werden mußten (vgl. Untersuchungen von MARKER & EVERS 1976). Sie sind auch ein Indiz für zunehmende Bevölkerungsdichte.

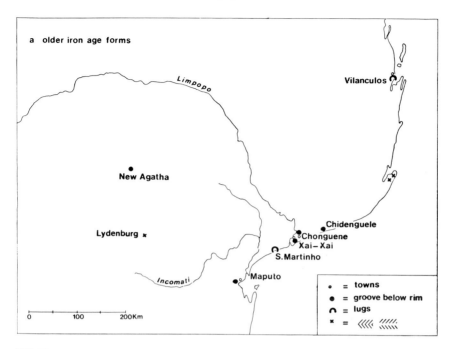

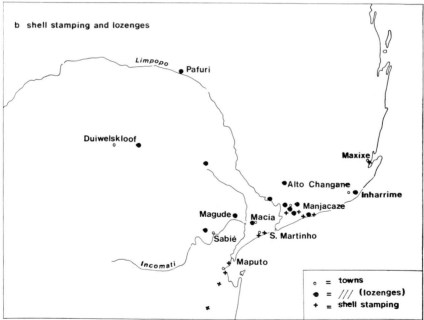

Karte 1   Die Verbreitung ausgewählter Keramikformen

Auch durchlochte Steine (bored stones) und Seifensteinschalen sind durch Rohmaterialvorkommen und Verwendungszweck vermutlich ebenfalls in ihrer Verbreitung beschränkt. Es wurde schon vermutet, daß durchlochte Steine die Wirkungsweise von Grabstöcken besonders in lehmigem Boden, aber nicht in Sand oder Geröll verstärken. Die Seifensteingefäße sollen zum Salzsieden gedient haben, wozu auch grobe Keramikgefäße verwendet werden konnten. Daher hätte es sich nicht gelohnt, sie vier oder fünf Tagereisen weit zu schleppen. Die Verbreitungsgebiete von durchlochten Steinen und Seifensteinschalen zeigen deshalb vermutlich keine ethnischen Grenzen.

Anders dürfte es z. T. bei der Keramik sein. Es ist vorstellbar, daß die früheste eisenzeitliche Keramik durch Savannenbauern, die über Hirsen, Knollenfrüchte und Bohnen verfügten, rote Böden bevorzugten und einen Teil des Nahrungsbedarfs durch Jagd, Sammeln und Fischfang deckten, in das südliche Mosambik gebracht wurde. Die mit Gokomere und Ziwa verwandten Waren dürften darauf hindeuten, daß zwei oder drei Jahrhunderte später vom Hochland her neue Bevölkerungsgruppen einsickerten, die vermutlich auch einen anderen Dialekt sprachen. Es ist durchaus möglich, daß Reste der frühen Bevölkerung weiterexistierten; jedoch ist die Forschung bisher noch nicht weit genug fortgeschritten, um derartige Vorgänge nachweisen zu können. Anschließend können sich dann gewisse regionale keramische Traditionen ausgebildet haben. Sie sind bisher nur ansatzweise greifbar und reichen meist über das Kartengebiet hinaus.

Als Beispiele keramischer Formenkreise (und vielleicht auch keramischer Traditionen), denen man eine gewisse regionale oder ethnische Identität geben kann, seien die durch Rauten und Muscheleinstempelungen verzierten Waren genannt.

Die mit Rauten verzierte Keramik wurde im 19. Jh. wohl in erster Linie durch die zentralen Tsonga hergestellt. Vielleicht ist ein Teil der Fundstellen in der Nähe von Inhambane und in Transvaal auf Flüchtlingsgruppen zurückzuführen, die vor den Nguni um 1840 aus der Nachbarschaft des mittleren Limpopotals auswichen. Die Rautenverzierung endete ziemlich plötzlich um 1900, ohne daß eine physische Bevölkerungsdiskontinuität zu verzeichnen gewesen wäre.

Die durch Muschelstempelung verzierte Keramik findet sich nur in Küstennähe. Vom Gefäßspektrum her zerfällt diese Ware zumindest in zwei Gruppen, und zwar die um die Delagoa Bay und die um Chongoene und Bilene. Muschelstempelung ist weniger kulturspezifisch, als vielmehr durch den ökologischen Rahmen zu verstehen. (Auch bei Dakar in Senegal verwenden Töpferinnen beispielsweise Muschelverzierung.) Die Hersteller dieser Keramik waren Ronga (Rjonga), „Kalanga" (von Bilene) und Lenge. Diese Gruppen sind wohl Teil einer Dialektkette, die vom nördlichen Natal bis Inhambane reicht.

Es ist jedoch darauf hinzuweisen, daß nicht alle meeresnahen Gruppen in dieser Dialektkette Muschelverzierung verwendeten. Gegenwärtig ist sie um Mavila und Mocumbi im Gebiet der Tshopi nicht mehr nachzuweisen. Rezent und subrezent fehlt sie auch in Inhambane. In früheren Jahrhunderten ist sie jedoch in Inhambane, in Mambone an der Save-Mündung und in Sofala nachgewiesen.

Ein anderer Versuch ethnischer Deutung wurde bereits in *Kapitel 2.7.2* an die Betrachtung der Keramik von K 2 angeschlossen. In der überwiegenden Mehrzahl der Fälle scheinen keramische Formen nicht auf linguistische oder „ethnische" Gruppen per se hinzudeuten, sondern auf Kommunikations- oder Traditionseinheiten, die einige Zeit (vielleicht oft nicht einmal eine Generation) in Kontakt gestanden haben. In dieser Zeit können sich kleinere Gruppen, die noch ihre eigene Sprache sprechen, durchaus benachbarten anderssprachigen Gruppen in ihrer Keramik angeglichen haben. Dies scheint etwa für die Tsonga in Tansvaal zuzutreffen. Andererseits gibt es auch den Fall der unter Ngungunyane 1889 nach Süden umgesiedelten Ndau (*s. u. Kap. 4.3.8*), die ihre Sprache aufgaben, aber in Keramik und traditioneller Medizin ihre Spuren hinterließen. Zeit, Produktions- und Kommunikationsspuren sind daher wichtige Faktoren, die bei der Interpretation nicht vergessen werden dürfen.

3   Katalog der Fundplätze

3.1 Vorbemerkung

Der Katalog besteht aus vier Listen (je eine für Mosambik, Swasiland, den Krüger Park und Transvaal). Die Fundplätze wurden — soweit nicht anders vermerkt — von KORF-MANN und SMOLLA entdeckt bzw. aufgesucht. Hier werden nur die zeitlich jüngeren Perio-den (LSA und Iron Age) berücksichtigt. Da die Numerierung der Fundplätze auch die rein paläolithischen einschloß, sind die betreffenden Nummern im Katalog nicht berücksich-tigt. Verwendet wurden dabei für Mosambik und Swasiland Karten des Maßstabs 1 : 250 000, dgl. z. T. für Transvaal und den Krüger Park, wo aber auch in erheblichem Umfang Karten des Maßstabs 1 : 50 000 benutzt wurden, sofern sie vorlagen bzw. zugän-gig waren. Mit aus der Literatur erschlossenen oder mitgeteilten Fundplätzen wurde ebenso verfahren.

Bei der Angabe der Fundplätze wurden zwei verschiedene Systeme benutzt. In Trans-vaal haben wir es vorgezogen, die Farm zu benennen (*s. u. Kap. 3.5*). In Mosambik, Swasi-land und im Krüger-Park wurden die geographischen Koordinaten angegeben. Selbst wenn die kartographische Ausgangssituation, im gesamtkontinentalen Rahmen gesehen, relativ gut war, so gestattete sie jedoch nicht, überall exakte Koordinatenwerte zu ermit-teln. Die Sekundenangaben für eigene Fundplätze in Mosambik sind auf- bzw. abgerundet zu Zehner- bzw. Fünferwerten und weichen somit meist um einige Sekunden vom tatsäch-lichen Wert ab. Bei Koordinationsangaben für Swasiland und den Krüger-Nationalpark war es in vielen Fällen nur möglich, auf ganze und halbe Minuten zu runden.

3.2 Fundplätze in Mosambik

M 1   Muschelhaufen, *Iron Age*
23° 47′ 35″ S, 35° 21′ 30″ E
Nhamaxaxa ca. 8 km nördlich von Maxixe, auf einer auffällig hohen Düne, die als steiles Kliff ausgebildet ist, mehrere Stellen mit dunkler Erde, unverzierte Scherben und Mu-scheln. Keine Steinwerkzeuge. Muschelreste bis zu einer Tiefe von ca. 80 cm.

M 2   Muschelhaufen, *Iron Age*
23° 58′ 00″ S, 35° 17′ 30″ E
An der östlichen Seite der neuen Straße von Lindela nach Maxixe, 15 km nördl. Lindela, bei km-Stein 456 befindet sich im Profil des Straßenrandes, ein auf 7 bis 8 m aufgeschlos-senes Muschelhaufenband, bis zu 0,3 m dick.

Muscheln der Species *Solen* und *Volema paradisiaca*, etwas Holzkohle und eine blaß-rote Wandscherbe (*Fig. I, 1*).

Figur I   M 2(1), M 4(2), M 5(3—16), Keramik

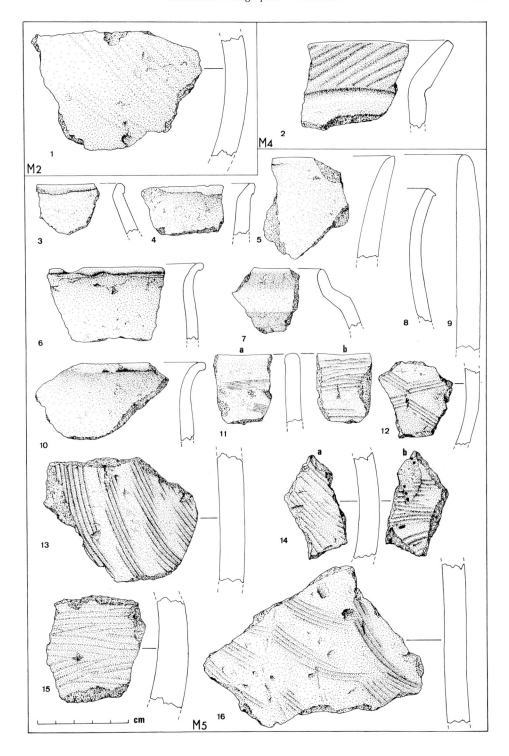

M2

M4

M5

cm

M 3　　　　　　　　　　　　　　　　　　　　　　Muschelhaufen, *Iron Age*
23° 51′ 00″ SS, 35° 33′ 15″ E
Praia do Tofo, Cabo Imhambane. Südlich der Ferienhäuser, direkt am Vorsprung nach
Osten, eine Fundregion, auf die uns L. Barradas aufmerksam gemacht hat. Muschelstrei-
fen, von Hochfluten angeschnitten, auf 11 m gut erkennbar, 35—40 cm stark. Im NW
durch jüngere Düne überdeckt. Auf einer Strecke von insgesamt 55 m vereinzelte Muschelanhäufungen, von denen allerdings nicht sicher ist, ob sie zum selben Muschelhaufen
gehören. Dieser Komplex ist der Rest einer früher weiter seewärts gelegenen Ansamm-
lung, denn er liegt genau an der Spitze der Barra.
　　Ein Profil wurde an dem am Hang gelegenen Muschelhaufen abgestochen. Feuerstellen innerhalb der Anhäufung deutlich erkennbar. Die Muschelansammlungen waren mehr
als 0,7 m stark und an der untersuchten Stelle eindeutig in zwei Phasen entstanden. Eine
bis zu 0,2 m dicke, sterile Sandschicht trennte sie voneinander. Die Unterkante des Muschelhaufens befindet sich etwa 3 m über dem Meeresspiegel.
　　In situ Muscheln der Spezies *Arca, Balanus, Chama, Conus, Cypreaea, Drupa (Morula),
Morus, Fissurella, Mytilus* (häufig), *Patella, Thais* (häufig). Küstensandsteinstück ohne Arte-
faktcharakter. Scherben *in situ* kamen nicht zutage, auch keinerlei Fisch- oder sonstige
Knochen.

M 4　　　　　　　　　　　　　　　　　　　　　　Muschelhaufen, *Iron Age*
23° 47′ 40″ S, 35° 32′ 25″ E
Farol da Barra — Miramar, ca. 300—400 m südl. des Leuchtturms, innerhalb des Dünengürtels, ca. 15 m westlich des heutigen Kliffabfalls, ca. 10—12 m über dem Meer. Verzierte Scherben (*Fig. I, 2*) relativ weit verstreut in Verbindung mit Muscheln, vornehmlich
Mytilus und *Thais*. Abgerolltes flaches Küstensandsteinstück mit einer durch Reibung
deutlich geglätteten Fläche.

M 5　　　　　　　　　　　　　　　　　　　　　　Muschelhaufen, *Iron Age*
23° 48′—23° 49′ S, 35° 29′ 30″—35° 31′ 30″ E
NW-Teil der Inhambane-Halbinsel.
Am Westhang des Dünenzuges, beiderseits des Weges zur Küste und um die gesamte ver-
landete Lagune herum befinden sich Muscheln. In den Maniokfeldern auch Scherben.
Aufsammlungen erfolgten auf einem größeren Hangareal rechts des Weges zum Nordrand der Halbinsel.
　　Muscheln der Spezies *Arca, Ostrea, Terebralia Palustris, Volema Paradisiaca*, ein Fisch-
wirbel. Unter den über 30 aufgesammelten meist hellroten Scherben fällt auf, daß fast alle

Figur II　M 5(1—4), M 6(5), M 9(6—8), Keramik

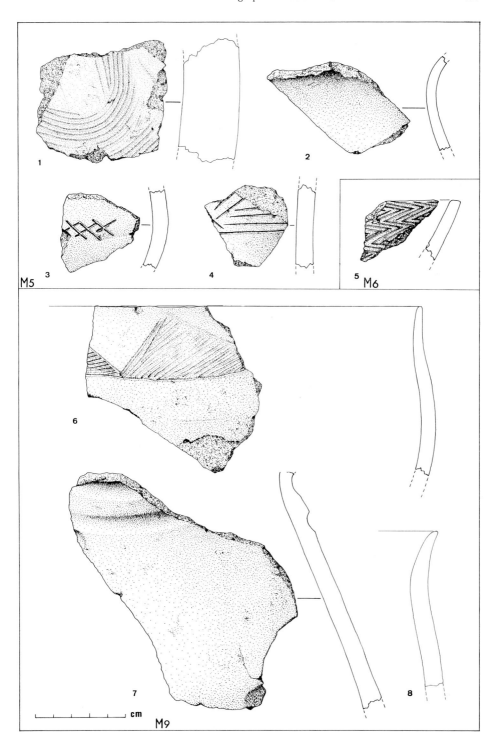

13 Randscherben unverziert sind (*Fig. I, 3—11*). Die Wandscherben sind meist recht dick. Außen, innen oder beidseitig ist die Oberfläche eines großen Teiles der Scherben mit Ritzlinienbündeln versehen (*Fig. I, 11—16; Fig. II, 1*). Die „Strichführung" ist manchmal unregelmäßig, aber auch bewußt halbkreisförmig oder linear. Wenngleich die Innenaufrauhung nach Information Liesegang feiner ist als bei rezenten Reibschalen von Macupulane, wird sie doch für Reibzwecke erfolgt sein.

M 6   Muschelhaufen, *Iron Age*
24° 07′ 10″ S, 35° 29′ 35″ E
Praia de Jangamo, beim Cabo das Correntes, am Leuchtturm. Muschelanhäufungen auf dem Weg durch den Dünengürtel — stets mit rezenten Abfällen gemischt. Eine hellgraue Randscherbe mit Fischgrätenmuster verziert (*Fig. II, 5*).

M 7   Muschelhaufen, *Iron Age*
24° 05′ 00″ S, 35° 29′ 50″ E
Praia de Jangamo, nördlich des Cabo das Correntes, südlich der Rondavels, mehrere kleine Muschelhaufen hinter dem äußersten, ca. 3,0 m hohen Dünenwall. Die Muschelhaufen selbst lagen in ca. 8 m Höhe ü. d. M., z. T. am Rand älterer Dünen. Am äußersten Vorsprung des Dünengürtels, der sonst vorgelagerte äußerste Dünenwall fehlt hier, sind in einer Höhe von ca. 12 m ü. d. M. zwei Feuerstellen sowie ein Muschelhaufen freigeweht. Die Schicht mit verbrannten Muscheln neben der Feuerstelle ist ca. 10 cm dick. Wenige atypische Scherben. Muscheln der Spezies *Arca, Chama, Cypraea, Fissurella, Mytilus, Ostrea, Patella, Septifer* und *Thais*.

M 8   Muschelhaufen
24° 31′ 15″ S, 35° 12′ 00″ E
Ponta Závora, ca. 500 m WSW vom Leuchtturm, am äußersten Vorsprung, ca. 6—7 m ü. d. M. ein sehr weit ausgedehnter, bis 30 cm mächtiger Muschelhaufen, der den Hang hinauf zu verfolgen ist, wo er in etwa 8 m Höhe bis zu 1,30 m mächtig ist. Über diesen Komplex war eine Düne geweht, die dann abgetragen wurde. Muscheln: *Mytilus* (häufig), *Ostrea, Thais* (häufig), *Turbo Imperialis*. Außerdem Holzkohle, keine Scherben.

M 9   Muschelhaufen, *Iron Age*
24° 57′ 50″ S, 34° 10′ 15″ E
Chidenguele-Leuchtturm, ca. 300 m NO des Leuchtturmes in einem Dünenquertal, viele freigewehte Scherben und Sandsteinbrocken. Möglicherweise lagen diese ehemals unter

Figur III   M 9(1—3), M 10(4—5), Keramik

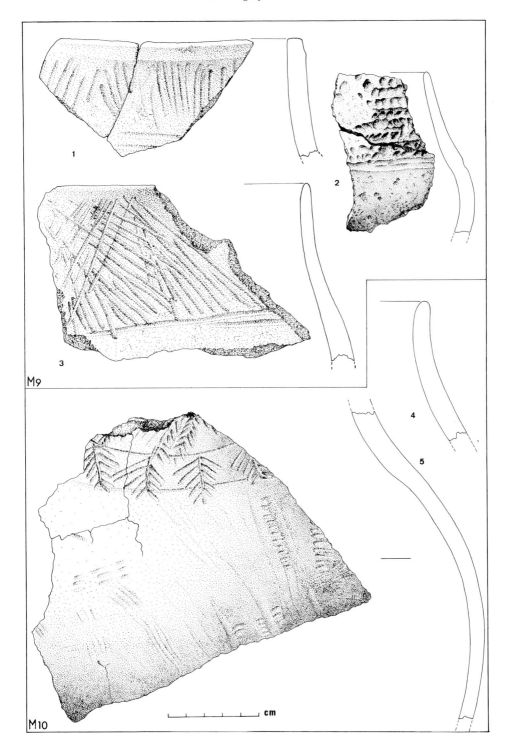

cm

jüngeren Dünen. Meist größere Seeschnecken, *Turbo Imperialis,* weniger häufig die sonst üblichen *Mytilus.* Etwas höher in der Düne eine *Mytilus*-Schicht.

Keramik z. T. stärker verwittert, fünf Randscherben (*Fig. II, 6 u. 8; Fig. III, 1—3*), eine kanellierte Wandscherbe (*Fig. II, 7*).

M 10   Muschelhaufen, *Iron Age*
24° 58′ 00″ S, 34° 09′ 40″ E
Chidenguele-Leuchtturm, ca. 300 m SW des Leuchtturmes, in einem Dünen-Quertal sehr viele Scherben, viele Sandsteinbrocken, aber auch Eisen und ein Bronzebeschlag neben Muscheln. Funde im ganzen Quertal, Konzentration an einigen Stellen. In ca. 10 m Höhe Bank mit verbrannten Miesmuscheln.
Drei Gefäße ließen sich rekonstruieren.
1. Topf mit leicht ausbiegendem Rand, unverziert (*Fig. IV, 2*). Eine mehr geglättete, graue bis braune Oberfläche. Volumen bis zum Rand: 7 l. Randinnendurchmesser: ca. 20,5 cm.
2. Topf mit eingezogenem Rand, hellgrau bis blaßrot, Rand geschwärzt, mit (ursprünglich wohl acht) Gruppen von Eindruckmustern verziert (*Fig. V, 1 u. 2*). Das am Rande weniger als 0,5 cm dicke Gefäß erreicht in der Bodenregion eine Dicke von über 2 cm.
3. Hellgraues bis rötliches, verhältnismäßig dünnwandiges Gefäß (*Fig. IV, 1*), Ritzlinienverzierung an der gesamten Halsregion. Das Volumen bis zum Rand beträgt ca. 12 l, bis zur Oberkante der Gitterverzierung ca. 9 l. Randinnendurchmesser: ca. 23,5 cm.
Zwei verwitterte Randscherben vom selben Gefäß, verziert, relativ starke Muschelmagerung (*Fig. IV, 3*). Alle übrige Keramik schamottgemagert.
Viele kleinere Küstensandsteine. Eindeutig als Reibgerät ist ein größeres und härteres Exemplar dieser Steine verwendet worden. Eine seiner Flächen ist durch Reiben plan geworden. An Muscheln liegen *Conus, Cypraea, Fissurella* und *Turbo Imperialis* vor. Die Eisen- und Bronzestücke stammen von Beschlägen einer Kiste, wohl Strandgut. Insgesamt liegen ca. 490 g Eisen und 20 g Bronze vor.

M 11   Muschelhaufen
24° 57′ 30″ S, 34° 11′ 30″ E
Chidenguele-Praia. Beiderseits am Ende des Weges von Chidenguele zum Strand einige kleinere Muschelhaufen. Ein weiterer, ca. 300 m weiter südlich, ca. 4—5 ü. d. M. auf einer alten Düne. Dort auf ca. 10 m² unverbrannte Miesmuscheln.

M 12   Muschelhaufen, *Iron Age*
25° 05′ 20″ S, 33° 47′ 00″ E
Chonguene-Praia, ca. 1,3 km vom neuen Hotel landeinwärts, durch die Straße angeschnittene Fundschicht. Im südlichen Straßenprofil ca. 1,0 m unter der Oberfläche ein auf

Figur IV   M 10(1—3), M 12(4—12), Keramik

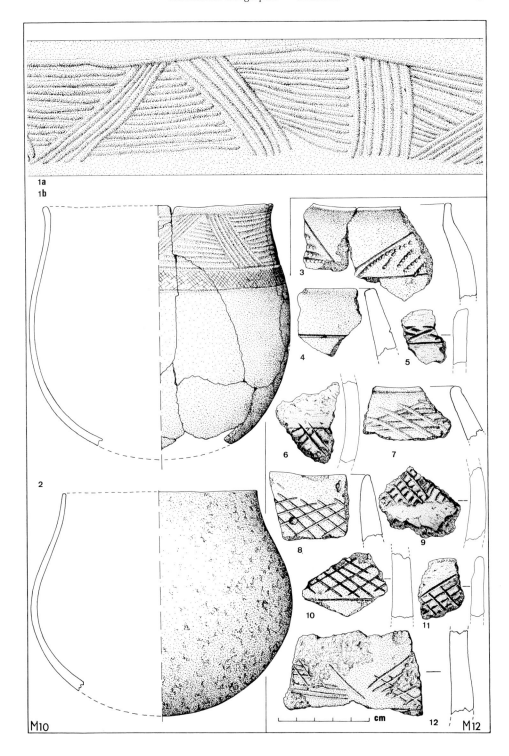

1a

1b

2

M10

3

4

5

6

7

8

9

10

11

12

cm

M12

6,2 m Länge sichtbares ca. 10 cm dickes Muschelband. Starke Humusanreicherung sowohl über als auch unter diesem Muschelband. Auf der nördlichen Straßenseite keine Muscheln, nur Scherben in einer Humusschicht. Wahrscheinlich homogenes Material eines größeren Siedlungsplatzes mit sehr einfachen Steinartefakten aus Quarzit und ähnlich hartem Gestein sowie (teilweise stark) verwitterte Knochen von Säugetieren, aber auch von Vögeln. Muscheln der Species *Koralle*, *Ostrea* und *Thais*. *Thais* häufig, *Mytilus* weniger häufig. Die Farben der Scherben recht einheitlich hellgrau bis braun-grau. Weniger Keramikmagerung als bei den anderen Küstenfundplätzen. Randprofil meist mit abgestrichener Kante. Verzierte Stücke häufig, meist eingezogene Gittermuster in Dreiecken (*Fig. IV, 6—12*), seltener Muschel-, bzw. Kammstichverzierung (*Fig. V, 3—6*).

M 13   Muschelhaufen
25° 05′ 50″ S, 33° 46′ 50″ E
Chonguene-Praia. Südlich der Straße von Chonguene zum Strand ca. 250 m vor dem neuen Hotel, auf 30—50 m Länge ausgedehnter Muschelhaufen, vorwiegend *Mytilus*, weniger *Thais*. Holzkohle, keine Scherben.

M 14   Muschelhaufen, *Iron Age*
25° 05′ 50″ S, 33° 46′ 45″ E
Neue Küstenstraße Chonguene-Strandhotel-Xai-Xai, ca. 300 m südlich des Hotels am südlichen Hang eines Quertälchens, bis ca. 1 m über dem Meer mehrere Muschel-„Bänke", davon mindestens 2 stratigraphisch übereinander mit 5 m Höhenabstand. Bei anderen kann die verschiedene Höhenlage durch das Dünenrelief bedingt sein. Meist Miesmuscheln, z. T. gebrannt. Hellbraun bis gelbe Scherben mit Keramik und Sand, seltener mit Muschelgries gemagert. Einheitliche Verzierung (*Fig. VI, 1—6*), Ausnahme (*Fig. VI, 7*).

M 15   Muschelhaufen, *Iron Age*
25° 05′ 55″ S, 33° 46′ 40″ E
Neue Küstenstraße Chonguene-Strandhotel-Xai-Xai, ca. 450 m südlich des Hotels in einem Quertal, große Fläche mit angekohlten Muscheln bis über 100 m landeinwärts, u. a. an der Straße. Fast durchweg mächtige Ansammlungen von *Mytilus* z. T. ganz rezenter Kochplätze, Material für Straßenbau. Einziger Fund, ritzlinienverzierte Randscherbe (*Fig. VI, 8*).

M 16   Muschelhaufen, *Iron Age*
25° 06′ 00″ S, 33° 46′ 30″ E
Neue Küstenstraße Chonguene-Strandhotel-Xai-Xai, ca. 800 m südlich des Hotels auf der Nordseite eines Quertales, dicht neben der Straße rezenter Muschelhaufen. Gegen-

Figur V   M 10(1—2), M 12(3—6), Keramik

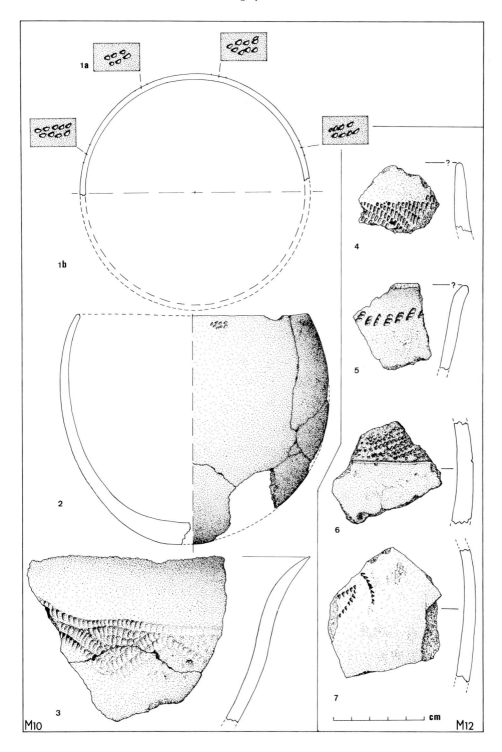

über auf der Südseite liegt bei ca. 35—40 m ü. d. M. ein 20—30 cm dickes Band aus Muscheln, vornehmlich *Thais* und *Mytilus,* teilweise verbrannt. Farbe der Scherben durchweg blaß-hellrot, mit Schamott und Sand, teilweise mit Muscheln gemagert (*Fig. VI, 9—14*).

M 17   Muschelhaufen
25° 06′ 00″ S, 33° 46′ 25″ E
Neue Küstenstraße Chonguene-Strandhotel-Xai-Xai, ca. 950 m südlich des Hotels am N-Hang eines Quertales Muschelhaufen, vorwiegend aus *Thais* und *Mytilus,* Brandspuren, keine Funde.

M 18   Muschelhaufen
25° 06′ 00″ S, 33° 46′ 15″ E
Neue Küstenstraße Chonguene-Strandhotel-Xai-Xai, ca. 1300 m südlich des Hotels, ca. 20 m ü. d. M. eine kleine Muschelbank, vornehmlich *Thais* und *Mytilus.* Keine Brandspuren und Funde.

M 19   Muschelhaufen, *Iron Age*
25° 06′ 05″ S, 33° 46′ 00″ E
Neue Küstenstraße Chonguene-Strandhotel-Xai-Xai, ca. 1750 m südlich des Hotels ca. 20—30 m landeinwärts, an einem Weg ca. 10 m ü. d. M. Muschelbänke mit Brandspuren. Species *Thais* und *Mytilus.* Gelblich-graue Scherben mit Sand und Schamott gemagert (*Fig. VII, 1—4*). Eine Randscherbe, Fragment einer Schale mit fazettiertem Rand (*Fig. VII, 4*).

M 20   Muschelhaufen, *Iron Age*
25° 06′ 15″ S, 33° 45′ 50″ E
Neue Küstenstraße Chonguene-Strandhotel-Xai-Xai, ca. 1950 m südlich des Hotels, ca. 80 m landeinwärts auf der N-Seite eines kleinen Quertales, liegt ca. 15 m ü. d. M. eine Muschelhaufenbank, auf ca. 80—90 m aufgeschlossen und ca. 15—40 cm mächtig. Species *Thais* und *Mytilus.* Feuerstellen *in situ,* ebenso Keramik. Ein vom Rand bis fast zum Boden erhaltenes Gefäßteil, unterhalb Rand und auf Schulter mit Muscheleindrücken verziert. Ursprüngliche Gefäßhöhe ca. 37 cm, Mündungsdurchmesser ca. 34 cm (*Fig. VII, 6*).

M 21   Muschelhaufen, *Iron Age*
25° 06′ 25″ S, 33° 45′ 15″—33° 45′ 30″ E
Neue Küstenstraße Chonguene-Strandhotel-Xai-Xai, ca. 2200 m südlich des Hotels je ein kleiner Muschelhaufen beiderseits der Straße. Keine Funde. Ca. 50 m weiter beiderseits der Straße eine ca. 200 m lange und bis ca. 50 cm dicke schwarze Schicht aus Humus und Muscheln, weitgehend abgebaut, vereinzelte Scherben. Muscheln stark zersetzt. Ca.

Figur VI   M 14(1—7), M 15(8), M 16(9—14), Keramik

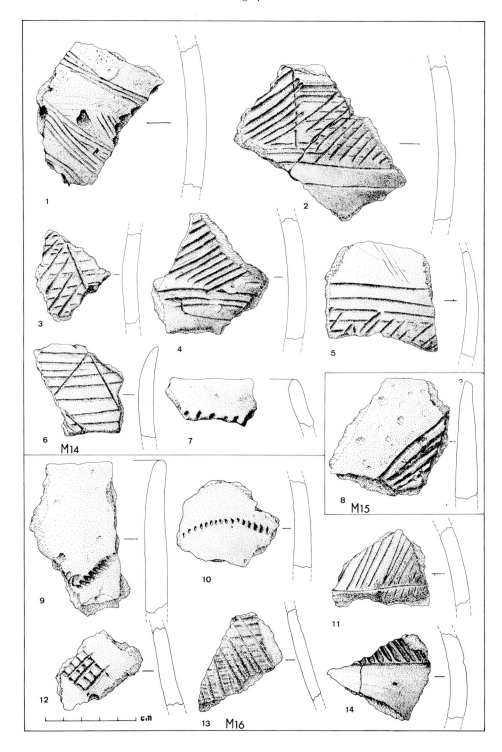

M14

M15

M16

2550 m südlich des Hotels vereinzelte Muschelansammlungen und Scherben. Ca. 2700 m südlich des Hotels größerer Muschelhaufen aus *Mytilus* sowie Feuerstelle. Keine Funde. Die Muschelhaufenserie endet ca. 300 m weiter südlich. Sechs verzierte Scherben mit Sand und Schamott gemagert, einige zeigen evtl. Wulsttechnik. Drei dunkelbraune Stücke mit im Zickzack eingestochenem Muschelornament aus drei oder vier Linien oberhalb Schulter (*Fig. VII, 8*). Drei hellgraue Scherben mit dicht beieinander gelegenen Muscheleindrükken in Rautenform (*Fig. VII, 7*). Zur Verbreitung dieser Form, die dem 19. Jh. zugeschrieben werden kann, vgl. *Karte 1b*.

M 22   Muschelhaufen
25° 06′ 30″ S, 33° 45′ 10″ E
Neue Küstenstraße Chonguene-Strandhotel-Xai-Xai. Ca. 3450 m südlich des Hotels war die Straße auf 100 m schwarz von Muschelhaufenmaterial, meistens *Mytilus*, keine Funde.

M 23   Muschelhaufen
25° 06′ 35″ S, 33° 44′ 45″ E
Neue Küstenstraße Chonguene-Strandhotel-Xai-Xai, ca. 3950 m südlich des Hotels, seewärts der Straße stark verbrannte und mit Humus angereicherte Muschelhaufenreste. Keine Funde.

M 24   Muschelhaufen
25° 06′ 40″ S, 33° 43′ 00″ E
Neue Küstenstraße Chonguene-Strandhotel-Xai-Xai, ca. 4200—4500 m südlich des Hotels, dort wo die Dünen seewärts der Straße enden, Muschelanhäufungen, meistens *Mytilus*, sowie Holzaschenreste, weitgehend abgebaut. Keine Funde.

Im gleichen Gebiet, ohne genauen Fundort:
„Xai-Xai"   Muschelhaufen, *Iron Age*
Alte Muschelhaufen entlang der Küste östlich und nordöstlich der Limpopomündung ab Mündungsgegend bis über „Goverment beach at Contra Costa" hinaus von VAN RIET LOWE 1944, beschrieben. — Das von VAN RIET LOWE gefundene Material eines einzelnen Muschelhaufens ca. 2 km südl. von Contra Costa liegt im Museum Maputo (s. *Fig. VIII, 1—8;* nach Photo gezeichnet). Teilweise schon von WELLS 1944 publiziert. Dort auch menschlicher „Schädel mit Buschmann-Zügen" diskutiert, Einzelfund, möglicherweise mit Muschelhaufenmaterial assoziiert. Kurze Notiz mit Scherbenneufund bei DE SENNA MARTINEZ (1968, S. 48).

Figur VII   M 19(1—4), M 20(5—6), M 21(7—8), Keramik

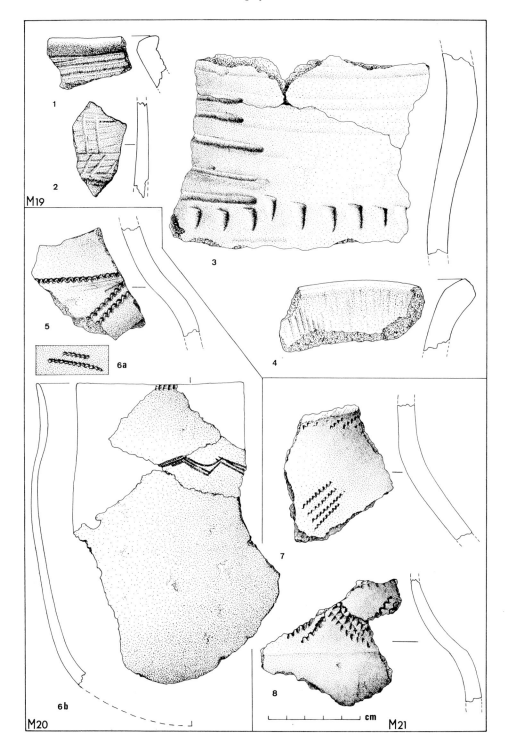

M19

M20

M21

1

2

3

4

5

6a

6b

7

8

cm

M 25   Muschelhaufen
25° 07′ 00″ S, 33° 43′ 00″ E
Südlich Xai-Xai, ca. 7,6 km südlich des Chonguene-Strandhotels, Muschelhaufen, vorwiegend *Mytilus,* unmittelbar rechts des Weges, ca. 8—10 m ü. d. M. Ca. 50 m weiter, seewärts, 40 m vom Ufer, Stelle mit Muschelresten ca. 8 m ü. d. M., Holzkohleproben unterhalb dünner Sandsteinschicht entnommen.

M 26   Muschelhaufen, *Iron Age*
25° 07′ 05″ S, 33° 42′ 55″ E
Südlich Xai-Xai, ca. 7,8 km südlich des Chonguene-Strandhotels, ca. 20 m südl. vom
Wegende, ca. 3—4 m ü. d. M., Muschelhaufen mit Brandspuren. Verhältnismäßig viele
Schnecken und relativ wenig *Mytilus.* Muschelhaufenreste und Scherben ca. 10—15 m
vom Meer entfernt im ganzen hier einmündenden Quertal. Rezente Abfälle, u. a. Eisen
und Glas.
    Je nach Fundsituation können die Scherben verschiedenen Zeitabschnitten angehören.
Relativ alt scheint eine mit Muscheln und Sand gemagerte hellgraue Scherbe zu sein
(*Fig. IX, 3*). Zwei Randscherben eines vorwiegend sandgemagerten, hellbraunen Gefäßes
mit ca. 0,4 cm tief eingestochenem Muster (*Fig. IX, 2; vgl. M 14*). Alle anderen Keramik-
reste, muschelverziert, mit Sand und Schamott gemagert (*Fig. VIII, 9—13; IX, 1*).

M 27   Muschelhaufen
25° 07′ 05″ S, 33° 42′ 50″ E
Südlich Xai-Xai, ca. 8 km südlich Chonguene-Strandhotel, ca. 200 m südlich Wegeende,
ca. 50 cm dicker Muschelhaufen, 8 m ü. d. M., seewärts am Dünensteilrand. Schicht, meist
Mytilus, stark verbrannt. Keine Funde.

Im Gebiet von Praia de Bilene (S. Martinho), ohne genauen Fundort:

„São Martinho do Bilene"   (*LSA*)
Smithfield-Fundplatz nach CLARK (1967, S. 43), falsche Koordinaten angegeben (25° 15′/
33° 10′).

„Arribas de San Martinho"   (*LSA*)
Museum Maputo; einige Steingeräte, u. a. Quarzitspitze — in Kisten.

„San Martinho (Coast)"   *Iron Age (+LSA)*
Material im South African Museum, Kapstadt, unter Nr. 7351 registriert. 178 Steingeräte,
7 muschelverzierte Scherben (*Fig. XII, 1—2*), 4 blaue Glasperlen (davon 2 zylindrisch), 2
Eisengegenstände (einer womöglich ein Knopf) und eine Meeresschnecke.

Figur VIII   Xai-Xai, Strand, ohne genauen Fundort (1—8), M 26(9—13), Keramik

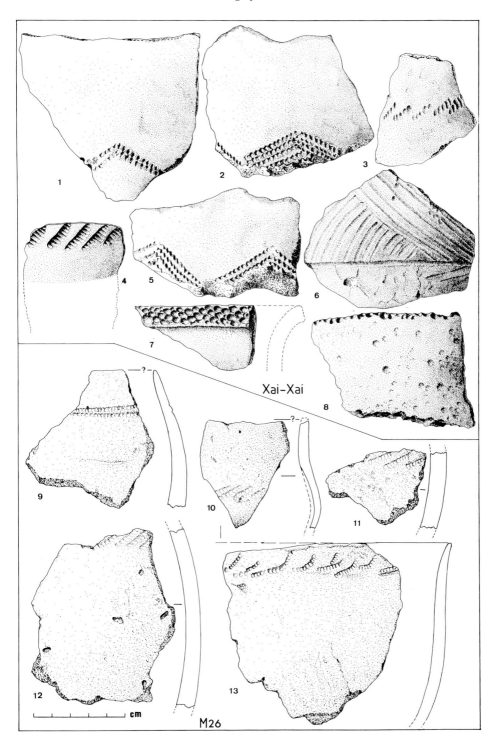

Xai-Xai

M26

M 28   *Iron Age (+ LSA?)*
Ca. 25° 17′ 20″ S, 33° 19′ 30″ E
Bei Praia de Bilene (São Martinho), nördlich der Mündung der Lagune ins Meer, nördlich
der großen Klippe, ca. 150 m landeinwärts in dem einmündenden Quertal, mehrere Steinwerkzeuge und Scherben, Material verloren.

M 29   (Muschelhaufen) *Iron Age (+ LSA?)*
25° 19′ 30″ S, 33° 14′ 40″ E
Praia de Bilene (São Martinho), Lagunenmündung. Auf dem verfestigten roten Dünenriff
südlich der Verbindung Lagune-Meer einige nicht klassifizierbare kleine Abschläge aus
unterschiedlichem Material und zwei mit Schamott und Sand gemagerte Scherbenfragmente. Unklar, ob mit Muschelresten (Austern, *Cardium* etc.) assoziiert.

M 30   (Muschelhaufen), *Iron Age (+ LSA?)*
25° 19′ 30″ S, 33° 14′ 40″ E
Praia de Bilene (São Martinho), Lagunenmündung. Dünental unmittelbar hinter M 29.
Dort auf einer freigewehten älteren, aber nicht fossilen Düne über 100 Scherben, sowie
ca. 50 ortsfremde Steine und ein Bleistück. Wenige *Mytilus* am Ort gefunden, vermutlich
aber jünger als Funde, evtl. gleichaltrig mit sehr jungen *Mytilus*-Kochplätzen, oberhalb des
Platzes in einem Nebentälchen. Meist kleinere Scherbenfragmente mit Schamott und Sand
gemagert, stark verwittert, vermutlich ehemals unverziert. Zwei weinrote Randscherben
desselben Gefäßes (*Fig. IX, 6*) sowie eine schwarzgraue Wandscherbe (*Fig. IX, 8*), härter
gebrannt als die meiste andere Keramik unterscheiden sich vom Restmaterial. Das Stein-
material besteht vorwiegend aus sehr kleinen Kieseln, vielfältige Gesteinsarten. Wenige,
mit Sicherheit bearbeitete Stücke. Eine relativ stark abgerollte Klinge (*Fig. IX, 4*), ein einseitig bearbeitetes Geröllstück (*Fig. IX, 7*), ein segmentähnlicher Mikrolith aus rotem
Halbedelstein mit partieller Rückenretusche (*Fig. X, 2*) und eine mandelförmige Pfeilspitze
aus hellem Achat (*Fig. X, 1*) auf einer Seite nicht fertiggestellt, wahrscheinlich nie benutzt.
Länge: 2,9 cm, Breite an der Basis: 2,25 cm, Dicke an der Basis: 0,7 cm. Spitzenwinkel bis
zur breitesten Stelle (Basis-Region): ca. 62°. Gewicht: ca. 3,0 g. Bleigegenstand, Kugel mit
Naht und Reste einer Öse, ca. 13 g schwer (*Fig. IX, 5*).

M 31   (Muschelhaufen) *Iron Age (+ LSA?)*
25° 19′ 30″ S, 33° 14′ 40″ E
Praia de Bilene (São Martinho), Lagunenmündung, südlich M 30, im nächsten Dünental.
Weit über 100 Scherben, Steinwerkzeuge und ein Eisenstück, sowie Muscheln in mäßiger
Konzentration auf einer älteren, aber nicht fossilen Düne.
    Der Zustand der stark verwitterten Keramik könnte für relativ hohes Alter sprechen.
Einige abgebildete verzierte Scherben sind nur wegen ihrer geglätteten Oberfläche besser
erhalten. Besonders stark verwittert sind viele dünne, grau-schwarze Stücke, wahrschein-

Figur IX   M 26(1—3), M 30(4—8), M 31(9—13), Keramik, Steinwerkzeuge, Blei

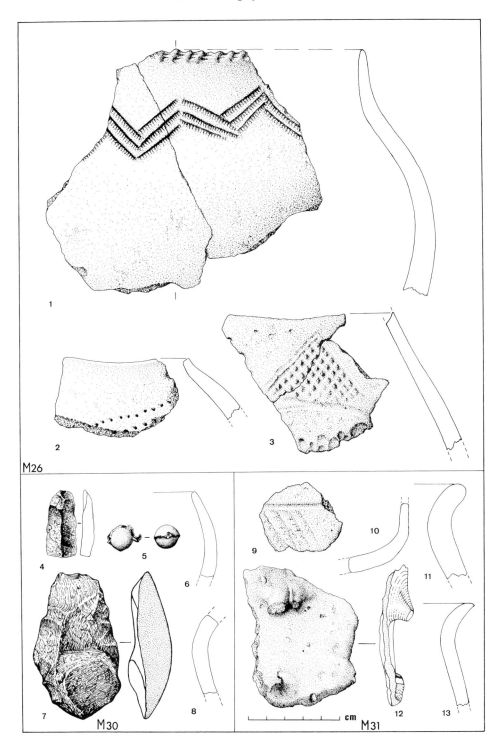

lich Kernreste von Scherben, vergleichbar Keramik von M 30, M 34, M 35, M 36, M 37 und M 44. Eine große Wandscherbe läßt auf einen Gefäßdurchmesser von 55 cm schließen.

Eine u. a. mit rötlichem Schamott gemagerte Wandscherbe aus der Halsregion eines großen Gefäßes mit Resten von Henkelansätzen. Oberfläche der Innenseite gänzlich abgewittert, Außenseite mit Resten einer rötlichen Schicht auf grauem Ton, einziger Hinweis neben SINCLAIR 1982: Fig. 2 auf Gefäßhenkel im Fundmaterial von Süd-Mosambik (*Fig. IX, 12, Karte 1 a*).

Eine kannelierte Scherbe aus gleichartigem Material (*Fig. XI, 3*), Randdurchmesser von ca. 16 cm. 3 weitere Scherben mit gleichem Ornament (nicht abgebildet). Eine Randscherbe, innen kräftig rotbraun, außen graugelb (*Fig. XI, 2*). Zwei größere Randscherben und ein Bodenstück einer unverzierten Schüssel aus dem beschriebenen grau-schwarzen Material. Randdurchmesser etwas über 15 cm, etwa 8 cm hoch (*Fig. XI, 5*). Vier Randscherben verschiedener Gefäße mit anderorts unüblichem, relativ stark ausladendem Rand (*Fig. IX, 11 u. 13, Fig. XI, 4 u. 6*). Zwei davon verziert. Eine orangefarbene, mit geschwärztem Rand (*Fig. XI, 6*) und eine etwas gelblichere (*Fig. XI, 4*). Eine muschelverzierte, gelbbraune Scherbe mit sehr feinem Sand und großen Schamottstücken gemagert (*Fig. XI, 1*). Mehrere unverzierte Bruchstücke vom selben Gefäß (nicht abgebildet). Zwei kleine Scherben mit gleichem Ornament (*Fig. IX, 9*). Zwei Scherben mit Wandungsknick (*Fig. IX, 10*). Einige hellgraue Scherben, vermutlich vom selben Gefäß, sind nicht mit Sand und Schamott gemagert, sondern mit Muschelgries (vgl. M 9, M 10, M 14, M 16, M 26).

Ein stark korrodiertes Eisenobjekt, 9,9 cm lang, durchgehend rund mit einer Verdickung bis zu ca. 1,7 cm in der Mitte. Ein Ende ist hohl, Durchmesser außen 0,9 cm, innen 0,4 cm (nicht abgebildet).

Viele ortsfremde Steine, darunter *Chalzedon*, der nach R. FÖRSTER wohl aus der Republik Südafrika stammt. Bestenfalls die Hälfte (ca. 30 Stück) weist mehr oder weniger eindeutige Bearbeitungsspuren auf (*Fig. X, 3—6; Fig. XI, 7—12*). Meist einfache Abschläge, einige feingearbeitete Pfeilspitzen, keine Mikrolithen. Zwei rel. große Pfeilspitzen aus grobkörnigem Quarz (*Fig. X, 5 + 6*); eine davon ca. 6,5 g schwer, 3,5 cm lang, an der Basis 2,8 cm breit und 0,7 cm dick. Spitzenwinkel zur Basis 65°, Cortexreste auf beiden Seiten, nicht fertiggestellt (*Fig. X, 5*). Pfeilspitze ca. 3,0 g schwer, 2,8 cm lang, 2,2 cm breit bis zu 0,8 cm dick, Spitzenwinkel zur Basis ca. 65° (*Fig. X, 3*). Nicht fertiggestellte, aus einem *Levallois*-Abschlag gearbeitete Pfeilspitze, 2,5 g schwer, 2,3 cm lang, 2,0 cm breit und bis zu 0,7 cm dick (*Fig. X, 4*).

Muscheln: *Glycimeris, Ostrea, Thais* und ein Fragment *Cypraea*.

M 32   *LSA* oder *Iron Age*
25° 19' 30" S, 33° 14' 40" E
Praia de Bilene, Lagunenmündung, an einem „Zwischenriff", südlich von M 31 einige Steinwerkzeuge auf rotem verfestigtem Sand.

6 Quarzitfundstücke, drei davon Artefakte: ein kleines, ca 2,5 × 3,0 × 1,5 cm großes *Pebble-Tool* (*Fig. X, 7*), ein Dreiecksabschlag mit Ansätzen einer präparierten Basis (*Fig. X, 8*) und ein Abfallbruchstück mit Negativ des Schlagbuckels (n. abgebildet).

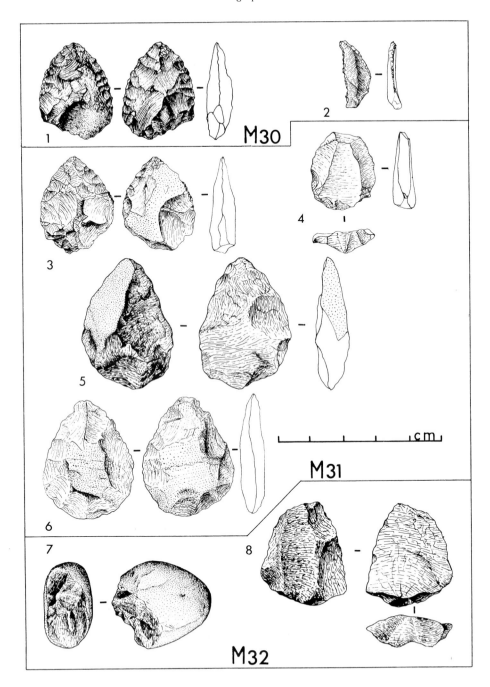

Figur X   M 30(1—2), M 31(3—6), M 32(7—8), Steinwerkzeuge

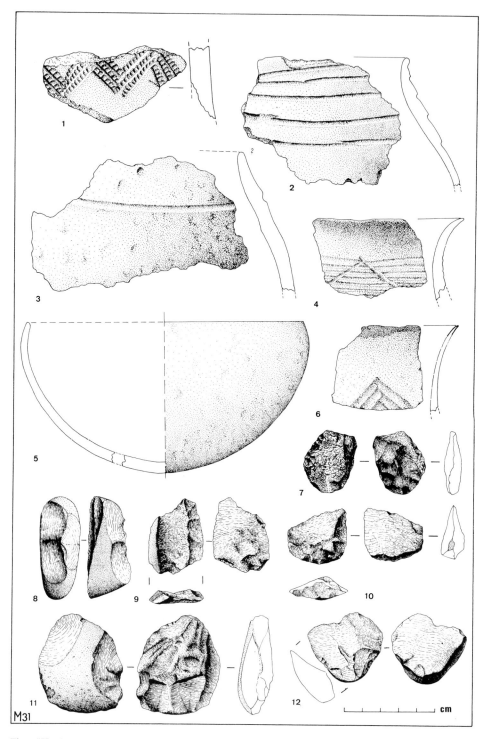

Figur XI   M 31(1—12), Keramik und Steinwerkzeuge

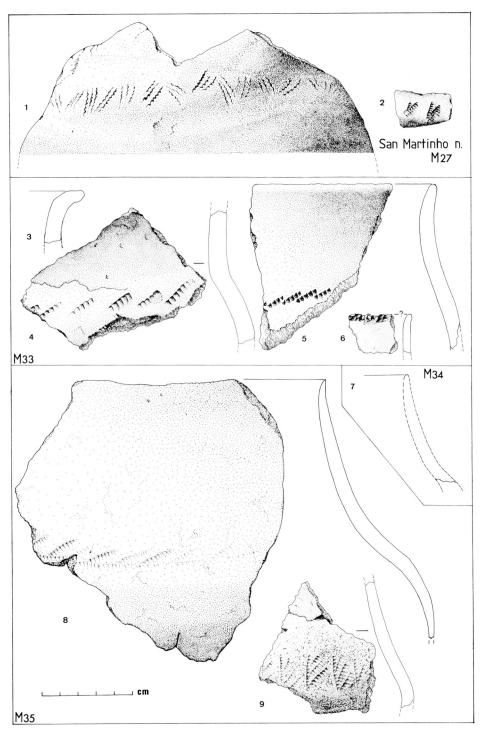

Figur XII Bilene (S. Martinho), ohne genauen Fundort (1—2), M 33(3—6), M 34(7), M 35(8—9), Keramik

M 33   *Iron Age (+ LSA?)*
25° 19′ 35″ S, 33° 14′ 35″ E
Praia de Bilene, Lagunenmündung, südlich von M 32. Auf einer roten, verfestigten Düne
Steinwerkzeuge und Scherben, letztere möglicherweise zum Teil jünger.
    Eine kräftig orangene Randscherbe eines Gefäßes mit Randdurchmesser von ca.
10,5 cm, muschelverziert mit einem Ornament, welches laut LIESEGANG heute noch in Macia gebräuchlich ist (*Fig. XII, 5*). Zwei weitere Scherben aus der Halsregion desselben Gefäßes (nicht abgebildet); ebenfalls mit Sand gemagert, an Innen- und Außenseiten geglättet. Eine braun-rot-graue Scherbe aus der Schulter-Halsregion eines großen Gefäßes mit
Durchmesser an der Schulter von über 50 cm (*Fig. XII, 4*). Eine hellgraue, dünnwandige
Scherbe, mit feinem Sand gemagert, geglättet, mit Resten von Einstichverzierung
(*Fig. XII, 6*). Eine Randscherbe mit ausladendem Rand (*Fig. XII, 3*). Eine Wandscherbe,
innen schwarz beschichtet (nicht abgebildet). Das Gesteinsmaterial besteht aus örtlichem
Küstensandstein, sowie ortsfremdem Quarzit und Quarz. Die bearbeiteten Stücke, darun-
ter einige MSA/LSA-Spitzen sind wahrscheinlich nicht mit der Keramik vergesellschaftet.

M 34   *Iron Age*
25° 28′ 25″ S, 32° 58′ 40″ E
Strand östlich von Manhiça, an zwei Stellen nördlich des Endpunktes des Weges zum
Meer, einige unverzierte Scherben, zum größten Teil grau-schwarze Kernzonen von Keramik, deren Oberflächen in den meisten Fällen abgewittert sind. Magerung mit Schamott
und Sand. Randscherbe eines Gefäßes mit Randdurchmesser von ca. 35 cm (*Fig. XII, 7*).

M 35   *Iron Age*
25° 28′ 30″ S, 32° 58′ 30″ E
Strand östlich von Manhiça, 50 m südlich der Wegmündung (M 35) und im Eingang des
Quertales (M 35 a) folgende Funde:
    M 35: Zwei große Randscherben von einem orangefarbenem Gefäß mit ca. 35 cm
Randdurchmesser kombinierte Muschel- und Einstichverzierung. Das Gefäß war vorwiegend mit feinem Sand und nur zu einem geringen Teil mit Schamott gemagert (*Fig. XIII,
1*). Eine große muschelverzierte Scherbe eines ehemals rötlich-graugelben Gefäßes, Randdurchmesser über 25 cm. Oberfläche meist bis auf graue Innenschicht abgewittert; v. a. mit
Schamott gemagert (*Fig. XIII, 2*). Große Randscherbe eines großen Gefäßes mit gänzlich
abgewitterter Oberfläche, grau-schwarz, v. a. mit Schamott gemagert, muschelverziert
(*Fig. XII, 8*); sowie verzierte Wandscherbe vom selben Gefäß (nicht abgebildet). Rötlich-
gelbe Wandscherbe mit stark verwitterter Außenseite, innen geglättet, vorwiegend mit
Sand gemagert, muschelverziert (*Fig. XII, 9*). Nach LIESEGANG wirken die Gefäße von
M 35 der Form und dem Muster nach relativ rezent.
    M 35 a: Randscherbe eines möglicherweise in Ringwulsttechnik aufgebauten Gefäßes,
mit feinem Schamott und mit Sand gemagert, Außenseite geglättet, grau-gelb. Der Ton im
Bruch und auf der Innenseite hellgrau. Ritzverzierung (*Fig. XIII, 3*).

Figur XIII   M 35(1—3), M 37(4), Keramik

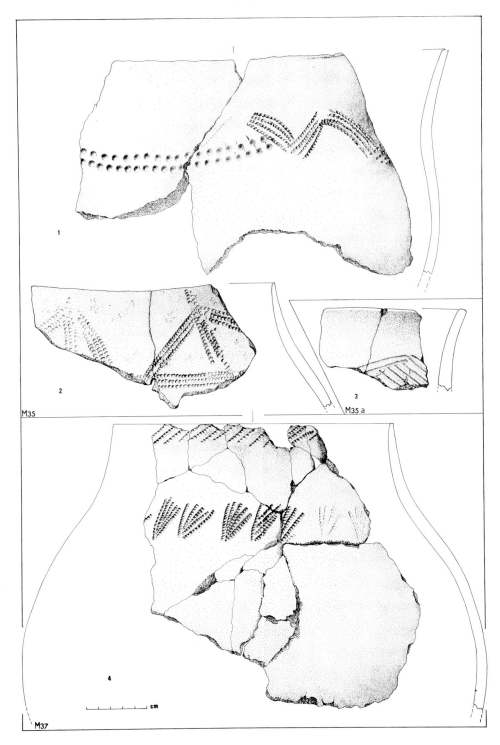

M35

M35 a

M37

cm

M 36   *Iron Age*
25° 28′ 30″ S, 32° 58′ 25″ E

Strand östlich von Manhiça. Ca. 250 cm südlich der Wegmündung, ca. 150 m in einem
Quertal, Steine und Keramikscherben in einer schwärzlichen Schicht.

Steine, ortsfremd, primitiv abgeschlagene Kieselstücke. Stark verwitterte Scherben, sowohl mit Schamott als auch Sand gemagert, keine weiteren Kennzeichen.

M 37   *Iron Age*
25° 28′ 30″ S, 32° 58′ 20″ E

Strand östlich von Manhiça, ca. 300 m südlich der Wegmündung im nächsten (2.) Quertal,
350 m landeinwärts eine freigewehte Scherbenstelle auf einer leicht verfestigten Düne. Auf
ca. 15 m² lagen eine große Zahl verzierter und unverzierter Scherben. Orangefarbenes Gefäß, aus vielen Scherben rekonstruiert (*Fig. XIV, 1b*), mit Sand und Schamott gemagert,
innen ungeglättet und von hellgrauer Farbe, ca. 33 cm hoch, größter Durchmesser ca.
35 cm Randdurchmesser ca. 24 cm. Muschelverzierung direkt am Rand und auf der Schulter (*Fig. XIV, 1a*), Volumen ca. 18,5 l.

Mehrere zusammensetzbare Scherben eines Gefäßes ähnlicher Form von ca. 23,5 cm
Randdurchmesser, außen ehemals orangefarben, innen grau, beidseitig geglättet. Im Bruch
und an abgewitterten Stellen ist der Ton schwärzlich. Magerung mit Schamott und Sand.
Muschelverzierung am Rand und auf der Schulter (*Fig. XIII, 4*). Weitere unverzierte Ke-
ramikfunde, nicht aussagekräftig.

M 38   *Iron Age*
25° 49′ 45″ S, 32° 41′ 00″ E

Östlich der alten Straße Maputo—Marracuene, 9—9,5 km nördlich Costa do Sol und
11,3 km südlich der Eisenbahnkreuzung vor Marracuene geht ein Weg östlich zur Küste.
Am inneren Dünenzug in einem großen Areal, Scherben. Direkt an der Küste wegen
Mangrovenbewuchs keine Muschelhaufen.

Unterschiedlicher Erhaltungszustand der Scherben, z. T. Oberflächen und Verzierungen gut erhalten, z. T. stark abgewittert; hellbraune Randscherbe, im Bruch hell — sehr
gut gebrannt. Außen und innen geglättet bzw. poliert, mit feinem Schamott und feinem
Sand gemagert, muschelverziert (*Fig. XIV, 2*).

Sonst nur Wandscherben, vier davon verziert, drei abgebildet, alle mit Schamott und
Sand gemagert und muschelverziert. Eine Scherbe, außen gelb bis hellbraun, innen wein-
rot, beidseitig geglättet, bzw. poliert (*Fig. XIV, 3*). Hellbraune bis hellgraue Scherbe,
innen dunkelbraun-grau, ebenso im Bruch, außen gut, innen weniger gut geglättet
(*Fig. XIV, 5*). Eine sehr kleine Scherbe, außen weißlich-grau, geglättet, innen dunkelgrau
bis schwarz, stark korrodiert (*Fig. XIV, 4*).

Laut Liesegang sind die Muster nicht rezent. Muscheleindrücke auf dem Bauchum-
bruch sind in Marracuene noch üblich.

Figur XIV   M 37(1a—b), M 38(2—5), M 41(13), M 43(6), M 44(7—10), M 45(11—12), M 88(14),
Keramik

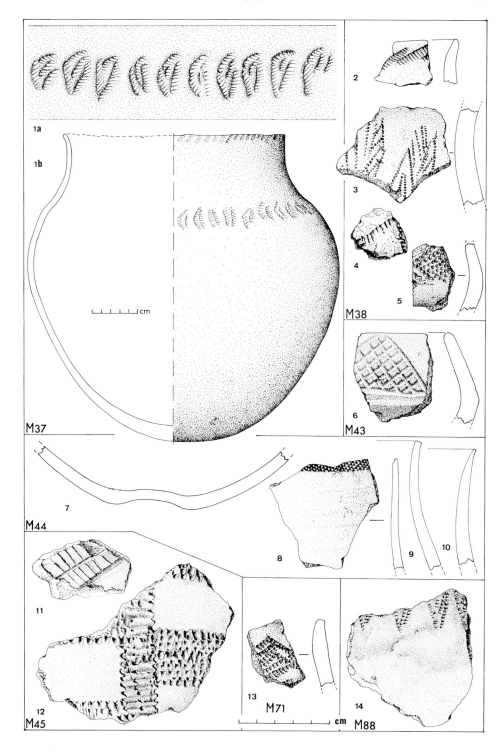

1a

1b

M37

M38

M43

M44

M45

M71

M88

2

3

4

5

6

7

8

9

10

11

12

13

14

cm

M 43   Muschelhaufen, *Iron Age*

26° 48′ 00″ 26° 49′ 00″ S, 32° 53′ 10″ E

Ponta do Ouro selbst keine Fundstellen, möglicherweise wegen Erosion. Ebenso Camping-Platz. Ca. 3,7—3,75 km nördlich Campingplatz, auf ca. 50 m Anhäufungen vorwiegend kleiner Schnecken: *Ligatella* und *Limicolaria;* dazwischen auch *Mytilus* und einige größere Schnecken. Eine dunkelgraue Randscherbe, beidseitig leicht geglättet, mit Sand und wenig Schamott gemagert (*Fig. XIV, 6*).

Weitere Muschelhaufen, vorwiegend *Mytilus* und *Thais,* ca. 3,0 km, 3,3 km und 3,9—4,0 km nördlich Campingplatz mit wenigen unverzierten Scherben. Die Muschelansammlungen liegen an der Unterkante des Dünenzuges, mehr als 2 m über dem Flutspiegel, teilweise durch Hochfluten freigelegt.

M 44   Muschelhaufen, *Iron Age*

26° 22′ 00″ S, 32° 55′ 40″ E

Elephantenpark, neuer Strand, östlich Bela Vista. Unmittelbar am Ende der Zufahrt zum Strand, an der Südseite des äußersten Dünenwalles, ein ca. 5 cm starkes *Mytilus*-Band mit Brandspuren, ca. 3,0 m ü. d. M.

Ca. 100 m südlich der Ponta 3—8 m ü. d. M., ein offenbar freigewehter Muschelhaufen, vorwiegend aus großen *Mytilus* mit Brandspuren. Keramik mit Schamott und Sand gemagert; Sandsteinbrocken und zwei große Knochen (Wal?). Eine graue Randscherbe eines Gefäßes mit Randdurchmesser von knapp 20 cm (*Fig. XIV, 9*). Innen und außen geglättet. Eine Randscherbe, mit dunkelgrauem bis schwarzem Kern, innen wie außen mit blaßbraunem Überzug (*Fig. XIV, 10*). Eine Bodenscherbe mit Delle von ca. 3,5 cm Durchmesser; außen rötlich bis grau und leicht geglättet, auch im Bereich der Bodendelle; innen fast schwarz. Vornehmlich mit feinem Sand gemagert (*Fig. XIV, 7*). Ein anpassendes Stück mit durchgehend rötlicher Farbe zeigt ungenügende Brenntechnik.

Zwei Wandscherben, mit dem gleichen „Gittermuster" verziert, unterschiedlicher Verwitterungsgrad, vermutlich vom selben Gefäß. Eine davon mit Resten eines dunkelorangenen Überzugs, bzw. geglättet. Beide mit feinem Sand und wenig Schamott gemagert, schwarz im Bruch (*Fig. XIV, 8*). Wahrscheinlich gehören beide zum selben Gefäß, wie das Bodenstück mit Delle. Zwei unverzierte Wandscherben waren außer mit Sand und Schamott organisch gemagert.

M 45   (Muschelhaufen?) *Iron Age*

ca. 26° 01′ S, 32° 57′ E

Ponta Raza. Vier Scherben und eine Glasperle im Museum Maputo (1959 eingeliefert). Eine Wandscherbe, muschelverziert mit beigefarbenem Überzug (?) (*Fig. XIV, 12*). Eine Wandscherbe mit einem feinen, schmutzig schwarzroten Überzug, auf der ein Bündel gerader, in Resten erkennbarer Muscheleindrücke spitz zusammenlaufen (*n. abgebildet, vgl. M 35*). Eine kleine, ritzverzierte Wandscherbe (*Fig. XIV, 11*). Eine Randscherbe mit schwer erkennbarer, einreihiger Muschelverzierung (*n. abgebildet,* ähnlich M 26 oder M 35). Eine hellblaue Glasperle, als „Inhaca" bezeichnet, mit Drehspuren von der Herstellung.

M 71   *Iron Age*

26° 50′ 10″ S, 32° 17′ 20″ E

Ca. 6,5 km westlich Catuane, oberhalb eines Prallhanges des Rio Maputo, etwa 20 m über dem Flußbett, kleine muschelverzierte Randscherbe (*Fig. XIV, 13*). Die Höhenlage (20 m) ist heute unbesiedelt.

M 80   *Iron Age*

25° 52′ 35″ S, 32° 17′ 30″ E

Movene III; Straße Boane-Moamba, bei km 16 der Nationalstraße 4, freigelegte Terrassen in Schottergruben. *Paläolithische* Artefakte und Keramik. Funde im Museum Maputo.

M 88   Muschelhaufen, *Iron Age*

25° 56′ 50″ S, 32° 37′ 10″ E

Campo de Golf, ca. 3,5 km nördlich des Polana-Hotels in Maputo, am oder in der Nähe des heutigen Camping-Platzes, fand JUTA 1955 eine große Menge teilweise mehrfarbiger Glasperlen sowie Porzellan- und Tonperlen, zusammen mit Keramik, ähnlich verziert wie die von M 38; außerdem Muscheln und Knochen. Laut Finder sprechen Fundsituation und Erhaltungszustand für ein geringes Alter. Die Keramik hält er für Ronga- oder Tanga-Arbeit. Eine Scherbe aus dem Museum Maputo mit „Concheiro Campo de Golf" bezeichnet, gehört vermutlich zu diesen Funden (*Fig. XIV, 14*). Nach JUTA 1956, S. 9—11.

M 89   *Iron Age*

26° 01′ 40″ S, 32° 36′ 00″ E

Ponta Maona, Südöstlich Catembe. Funde im Museum Maputo. Neben *paläolithischen* Artefakten mehrere unverzierte, schwarz polierte Scherben, sowie eine einfache, unpolierte Scherbe mit parallelen Horizontalrinnen (*nicht abgebildet, vergleichbar M 31, Fig. XI, 2*).

M 94   *Iron Age*

26° 02′ 30″ S, 32° 19′ 40″ E

Eine unverzierte, rot polierte Scherbe von „Boane IV" im Museum Maputo.

M 98   *Iron Age*

24° 39′ 30″ S, 33° 20′ 00″ E

Chaimite, Residenz und Grab des 1858 gestorbenen Gaza-Königs Manukuse (Sotshangane). Zwei Fundplätze mit weitgehend ähnlicher Keramik (I, II). Auf I auch Schnecken und Konuskern (*txudo*), der als Wertobjekt auf den Bazaruto-Inseln hergestellt wurde (Mitt. von J. LOUREIRO), auf II auch eine früheisenzeitliche Scherbe (LIESEGANG 1974 a, Fig. 1, 38, Identifikation von P. SINCLAIR). Funde veröffentlicht bei LIESEGANG 1974 a.

M 116   *Iron Age LSA (?)*

26° 18′ 00″ S, 32° 11′ 00″ E

„Cavernas do Ribeiro Manglimbe", Höhlen südlich von Changalane, von M. DE BETTENCOURT Dias untersucht (Information L. T. LEITE). Von dort stammen wahrscheinlich die

Keramik, Straußeneiperlen sowie einige Steinartefakte, die unter der Bezeichnung „Changalane Caves" im Museum Maputo liegen (Fig. XV, 29).

M 120   Muschelhaufen, *Iron Age*
24° 01′ 30″ S, 35° 20′ 30″ E
Murorosi I; Muschelhaufen aus großen Muscheln, westlich der Straße Lindela-Inhambane, etwa bei km 14,5, vor dem kleinen Bach Murorosi. Funde von LIESEGANG: über 200 Scherben, sowie einige Beispiele der Mangrovenschnecke *Terebralia Palustris*.
     Keramik blaßrot, z. T. gräulich gefärbt, zu einem geringen Teil mit Sand, vornehmlich mit Schamott gemagert. Verzierung mit Ritzlinienbündeln relativ häufig, außen wie innen, z. T. bewußt dekorativ (*n. abgebildet; vgl. M 5: Fig. I, 13—16 u. Fig. II, 1*). Weiterhin, eingeritzte Fischgrätenmuster als Horizontalband unterhalb des Randes bzw. oberhalb der Gefäßschulter (*Fig. XV, 1—8*). Eine genaue Entsprechung findet sich bei M 6 (*Fig. II, 5*) und M 132 (n. abgebildet). V. a. die dünnwandigere Keramik ist gut geglättet.

M 126   *LSA (?), Iron Age*
26° 18′ 00″ S, 32° 22′ 00″ E
Ca. 2 km südlich der Einmündung des Rio Changalane in den Rio Tembe, Scherben und Steinartefakte von R. Förster gefunden.
     Die Scherben sind orange bis kräftig orange gefärbt, meist muschel- und ritz-, bzw. mit Einstichen verziert (*Fig. XV, 9—13*), eine Scherbe möglicherweise mit Fingernageleindrücken (*Fig. XV, 9*); eine Scherbe mit plastischem Ornament (*Fig. XV, 10*).
     Die Steinartefakte datieren vermutlich ins *LSA*.

M 127   *Iron Age*
24° 07′ 15″ S, 32° 39′ 30″ E
Funde von LIESEGANG auf dem Gelände des alten portugiesischen Postens Palule, der 1897 nach der Revolte des Magigwana eingerichtet wurde. Scherben südwestlich des Walles auf einer kleinen künstlichen Erhöhung. Das Material ist möglicherweise umgelagert und damit älter als der Posten, der deutlich über der Talsohle liegt. Eine Randscherbe eines schalenartigen Gefäßes mit Einstichmuster (*Fig. XV, 15*), eine Scherbe aus der Hals-Schulterregion eines Gefäßes mit umlaufenden Linien und einer hierzu im Winkel angesetzten hängenden Dreiecksritzung (*Fig. XV, 14*).

M 130   *Iron Age*
23° 53′ 00″ S, 32° 07′ 30″ E
Fünf Wandscherben aus Tiobene im Museum Maputo. Eine, außen gelbbraun, mit Ritzbündeln verziert (*n. abgebildet; vgl. M 5: Fig. I, 11—16*). Eine hellbraune bis hellrote Scherbe, ritzverziert (*Fig. XV, 17*). Drei Scherben mit Ornamentbändern von Ritzlinien

Figur XV   M 116(29),   M 120(1—8),   M 126(9—13),   M 127(14—16),   M 130(17—20),
M 131(21—24), M 147(25—28), Keramik

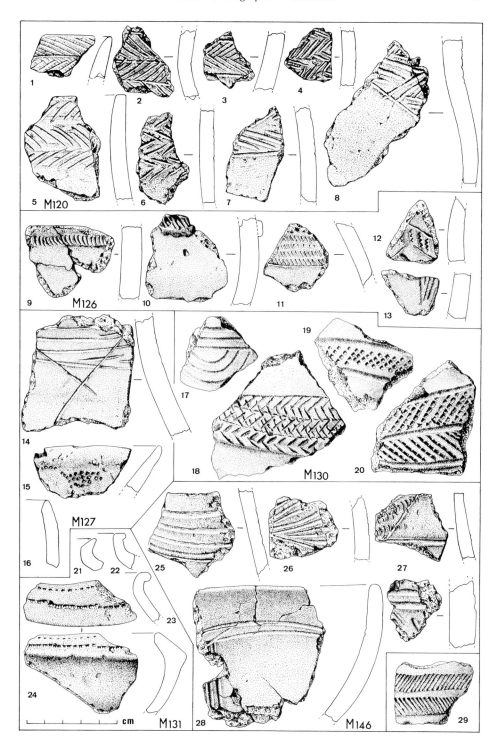

5 M120
9 M126
14 M127
18 M130
24 M131
28 M146

begrenzt; zwei davon mit Kammstichen, hellbraun bis hellrot (*Fig. XV, 19 u. 20*); eine hellrote mit geritzten Winkeln und plastisch abgesetztem unteren Verzierungsrand (*Fig. XV, 18*).

M 131   Muschelhaufen (?), *Iron Age*
24° 01′ 20″ S, 35° 20′ 30″ E
Murorosi II; Straße Lindela—Inhambane, ca. 15 km von Lindela hinter dem kleinen Bach Murorosi, verstreute Oberflächenfunde, von LIESEGANG vornehmlich westlich der Straße aufgesammelt. Scherben und Schnecken der Species *Thiara Abiarella*.
      Fünf der sechs Randscherben mit rötlichem, nur innen sichtbarem Überzug. Deutlich abgesetzte Randlippe (*Fig. XV, 21—24*). Alle mit Schamott gemagert.
      Eine dunkelgraue, gut geglättete Randscherbe mit kurzem, nach innen abgeknicktem Rand; Randleiste einstichverziert. Keine Parallele in unserem Material (*Fig. XV, 24*).

M 132   Muschelhaufen (?), *Iron Age*
23° 57′ 50″ S, 35° 23′ 00″ E
Straße Lindela—Inhambane, bei km 21,8. Funde von LIESEGANG. Zwei Muscheln sowie eine Schnecke der Species *Volema paradisiaca*. Keramisches Material von blaßroter Farbe, ähnelt dem von M 120. Eine Scherbe mit eingeritztem Winkelmuster (*n. abgebildet, ähnlich M 120; Fig. XV, 1—7*). Mit Ritzbündeln verzierte Scherben, zwei innen und außen, eine Randscherbe bis zum Rand verziert (*n. abgebildet; vgl. M 5: Fig. I, 11—16*).

M 141   *Iron Age*
24° 52′ 00″ S, 33° 50′ 30″ E
Chirrime. Subrezente Funde (ca. 1885—1889), s. LIESEGANG 1974 b.

M 142   *Iron Age*
Mazucane. Subrezente Funde, s. LIESEGANG 1974 b.

M 143   *Iron Age*
24° 52′ 10″ S, 33° 53′ 30″ E
Mangunze. Subrezente Funde (1885—1890), s. LIESEGANG 1974 b, S. 312—318.

M 144   *Iron Age*
ca. 24° 45′ S, 33° 47′ 30″ E
Mazucanhane. Subrezente Funde, s. LIESEGANG 1974 b.

M 145   Metallverarbeitung, *Iron Age*
ca. 24° 40′ 30″ S, 33° 57′ 00″ E
Rest der Befestigung des Ngunyulane. Subrezente Funde, s. LIESEGANG 1974 b. (Im gleichen Gebiet wurden 1980 noch weitere Befestigungen lokalisiert. Die von Macekahomu zeichnet sich durch dicke Kulturschichten und massive Deckel oder Topfständer aus Keramik aus. Sie stammt vielleicht aus der Zeit um 1860 und liegt etwa 2—3 km von Manja-

caze westlich der nach Norden führenden Straße. An anderen Plätzen, z. B. Chau bei Chongoene, wurden bisher keine Kulturreste angetroffen.)

M 146   *Iron Age*
24° 57′ 00″ S, 34° 08′ 00″ E
Bahule, ehemalige Insel und heutige Halbinsel, früherer Besitz eines Unterhäuptlings aus dem Klan Bahule. Diente 1890—1893 als Fluchtstätte für die umliegende Bevölkerung und war möglicherweise befestigt. Die wenigen dort gefundenen Scherben, darunter nach P. Sinclair eine früheisenzeitliche (Liesegang 1974b, Fig. 3; 11, 14) stammen vom Westufer der Halbinsel.

M 147   *Iron Age*
24° 57′ 00″ S, 34° 08′ 00″ E
Funde von Liesegang nördlich der Straße Porto Henrique—Bela Vista, ca. 2,5 km nach der Abzweigung Bela Vista—Catembe (ca. 1 km östlich der Mission S. Roque Matutuine). Aschehaufen von einer Materialgrube für den Straßenbau angeschnitten. Keramik und Stücke fossilen Elfenbeins in der Ascheschicht. Keramik vorwiegend mit Sand, weniger mit Schamott gemagert. Das Material ist weich und zerbrechlich. Hauptsächliches Verzierungselement: eingeritzte Rillen; ein Stück mit zusätzlichen Fingernageleindrücken (*Fig. XV, 27*). Die einzige Randscherbe stammt von einem schalenartigen Gefäß, innen rillenverziert (*Fig. XV, 28*). Vom selben Gefäß zwei Wandscherben mit gleichem Ornament (*n. abgebildet*). Einige Scherben geglättet, auf einigen Reste eines dunklen Überzuges. Fundplatz vor 1978 zerstört.

M 149   *Iron Age*
24° 43′ 55″ S, 33° 51′ E
Mandlhakazi I, bei Jantigue, ca. 1 km südlich der Straße Chibuto-Manjacaze westlich des Sule-Sees. Etwa 100—150 m im Durchmesser großer Platz, ca. 1891—1892 Residenz des Königs von Gaza. Grobe, nicht näher klassifizierbare Keramik.

M 150   *Iron Age*
24° 31′ 45″ S, 33° 52′ 30″ E
Mandlhakazi II, 1969 in der regedoria Muxuquete, Xipadja, Chibuto, gelegen, Residenz des Königs von Gaza 1892—1895. In der Nähe ehemalige Residenz des Missionars Liengme und der portugiesischen Residenten. Möglicherweise ungenauer Plan bei Toscano & Quintinha 1935. Am Platz, wo die Hütte des Königs gestanden hatte, großes Loch, wohl Spur erfolgloser Schatzgräber. Wenige, mit Sand gemagerte Keramik.

3.3 Fundplätze in Swasiland

S 1   *Iron Age (LSA?)*
26° 01′ 00″ S, 31° 43′ 30″ E
Straße Komatipoort—Swaziland (Distrikt Lubombo), ca. 69,5 km südl. der Abzweigung Komatipoort in Richtung Swaziland östl. der Straße ein Granitkoppie. Ca. 100 m hinter

dieser Erhebung ist westl. der Straße auf ca. 150 m eine Materialgrube aufgeschlossen. An deren Westprofil besteht folgende Schichtenabfolge (von oben): ca. 40—45 cm grauer Oberflächenboden, darunter ein ca. 5—30 cm dickes Quarzband. Unterhalb des Quarzbandes im oberen Teil verwitterter Fels.

In dem grauen Boden beiderseits eines großen Granitblockes auf ca. 10 m Länge, Scherben sowie einige wenig markante (bis auf eine feine Spitze) *mikrolithische* Artefakte. Die Hauptlage der Scherben befand sich ca. 30 cm unterhalb der heutigen (leicht abgetragenen?) Oberfläche, bzw. ca. 10—15 cm oberhalb des Quarzbandes. Die Scherben, meist gelblich-blaßrot sind teilweise gut geglättet, mit Sand gemagert und weisen teils Verzierungen mit Ritzlinien und eingestochenen Dreiecken, teils sind sie rot oder schwarz (Graphit?) bemalt.

S 2   *Iron Age*
26° 02′ 30″ S, 31° 39′ 30″ E
Straße Komatipoort—Swaziland, km 78,7 (Distrikt Hhohho) rechts der Straße eine große Materialgrube. Ähnlich wie bei S 1 in einem meist nur wenige cm starken Quarzband vereinzelt Steinartefakte (*MSA*). Darüber im Boden unverzierte Scherben.

S 4   *Iron Age*
26° 35′ 00″ S, 31° 52′ 30″ E
Straße Siteki—Big Bend, 18,65 km vor der Kreuzung Richtung Siphofaneni. 100 m westlich der Straße eine größere Materialgrube. Über verwittertem Gestein schwärzliche Bodendecke von ca. 10—15 cm Dicke.

MSA-Artefakte aus dem unteren Bereich des schwärzlichen Bodens. Kleine atypische Quarzartefakte, die in der Höhe einer kleinen unverzierten Scherbe gefunden wurden, sind wohl dem *Iron Age* zuzurechnen.

S 6   *LSA, Iron Age*
26° 42′ 30″ S, 31° 48′ 00″ E
Straße Big Bend—Siphofaneni, 11,25 km nach der Kreuzung Richtung Siteki (Distrikt Lubombo) ca. 100 m nördlich der Straße eine Materialmulde. An deren Rändern *LSA*-Artefakte aus verschiedenem Material, an einigen Stellen auch unverzierte, vornehmlich mit Sand gemagerte Scherben.

S 7   Felsmalerei
26° 33′ 30″ S, 30° 48′ 00″ E
Litchfeld (Distrikt Manzini), unweit der Grenze, an der Straße Mbabane—Amsterdam zwei Felsbildergruppen. Beide liegen in einem felsigen Gelände, die eine etwas über 1,6 km vom gleichnamigen Lebensmittelgeschäft entfernt, die andere etwas näher an Litchfield. Vermutlich handelt es sich um die Plätze, die bei LEBZELTER (1930, S. 4) und MASSON (1961, S. 128) erwähnt werden.

S 8   *LSA*, Felsmalerei, *Iron Age* (sub-rezent)

26° 27′ 10″ S, 31° 11′ 00″ E

Nyonyane (Distrikt Manzini) Straße Mbabane—Manzini, ca. 6,5 km südlich Ezulweni, westl. Lobamba, ca. ½ Stunde Fußweg bergan. Nach MASSON (1961, S. 128—130) hier Felsmalereien sowie „recent Bantu"-Keramik, auf der Bodenoberfläche unterhalb des Schutzdaches. In 46 cm Tiefe wurden Stein-Artefakte gefunden, die mit Vorbehalt dem *Smithfield*-B zugewiesen wurden.

S 9   Felsmalerei

ca. 26° 17′ 30″ S, 31° 10′ 00″ E

Ekuthandeni (Distrikt Mbabane). Kleines Schutzdach, ca. 8,0 km nordöstl. Mbabane im Dlangeni-Gebiet.

S 10   Felsmalerei

26° 19′ 45″ S, 31° 08′ 40″ E

Mbabane (Distrikt Mbabane), Felsüberhang unterhalb des Friedhofes südlich der Stadt nach VAN RIET LOWE (1952, S. 43) Felsmalereien „near and west of Mbabane near Ezolweni". Nachforschungen durch MASSON (1961, S. 128) erfolglos, wenngleich ältere Anwohner sich an einen derartigen Platz erinnerten.

S 11   Felsmalerei

26° 07′ 50″ S, 31° 10′ 00″ E

Nkaba (Distrikt Hhohho) ca. 21 km nördlich von Mbabane. Vermutlich die Felsmalereien, die von MASSON (1961, S. 130) beschrieben werden.

S 12   Felsmalerei

ca. 26° 40′ 00″ S, 30° 54′ 00″ E

Mphentshane (Distrikt Manzini), ca. 32 km SSW der „Usutu Pulp Mill" (Bhunya) auf der linken Seite des Baches Mphentshane an einem nur wenig geneigten Felsüberhang Malereien nch MASSON (1961, S. 130).

S 13   Felsmalerei

26° 41′ 30″ S, 31° 10′ 10″ E

Ntungula (Distrikt Manzini) ca. 13 km OSO von Mankayane, auf dem Grat eines Geländevorsprunges Malereien nach MASSON (1961, S. 130).

S 14   Felsmalerei

ca. 26° 02′ 00″ S, 31° 16′ 00″ E

Nsangwini (Distrikt Hhohho) ca. 16 km südl. Pigg's Peak, im Komatital, kleines Schutzdach mit Malereien nach MASSON (1961, S. 130—133).

S 15   Felsmalerei

ca. 26° 05′ 10″ S, 31° 38′ 00″ E

Nkambeni (Distrikt Hhohho). Felsbilderfundstelle am Berge Nkambeni (Inkambeni), nach Eintragung auf der Swazilandkarte 1:250 000 der Air Survey Company of Swaziland, Mbabane 1966.

S 22   Metallverarbeitung
26° 32′ 20″ S, 31° 00′ 30″ E
„Usutu Pulp Mill" (Distrikt Manzini). Nach Mr. E. D. Avenstrup, Mhlambanyati wurden in der Nähe des Werkes, am Großen Usutu, Tonröhren und andere Hinweise auf Eisenverarbeitung gefunden. Der Fundplatz auf dem späteren Fabrikgelände ist zerstört.

S 33   Metallverarbeitung
Gegend ca. 26° 42′ S, 31° 35′ E
Bulungu-Poort (Distrikt Lubombo). Nach Mr. C. Murdoch und Mr. Baillie, Mbabane, befinden sich bei Bulungu-Poort alte Schmelzöfen. Bulungu-Poort ist offenbar eine Flußstrecke des Großen Usutu, dort wo er durch die Bulungu-Berge westl. von Siphofaneni führt (vgl. Karte der Air Survey Company of Swaziland, 1:250 000, Mbabane 1966). Als Koordinatenmeßpunkt wurde der auf diesem Abschnitt verzeichnete Wasserfall genommen.

S 34   Metallverarbeitung
Gegend ca. 26° 30′ — 26° 40′ S, 31° 35′ — 30° 40′ E
Am Mzimpofu-Fluß (Distrikt Lubombo) nach Mr. Murdoch und Mr. Baillie, Mbabane, 2 Stellen mit Schlacken.

3.4 Fundplätze im Krüger Nationalpark

K 1   *Iron Age*, „Pfeilglätter"
ca. 23° 38′ 20″ S, 31° 38′ 20″ E
Firebrake, Abzweigung Straße Letaba-Shawo. *Paläolithische* Artefakte, sowie einige Scherben, zwei davon abgeb. (Fig. XVI, 1—2) und ein „Pfeilglätter" aus weichem Kalkstein. Letztgenannte Funde sind nicht mit dem *paläolithischen* Material vergesellschaftet.

K 2   *Iron Age*
ca. 23° 30′ 00″ S, 31° 33′ 00″ E
Shilowa, Bergrücken, nach dem Häuptling Shilowa benannt. Der Fundplatz ist durch einen weithin erkennbaren Baobab-Baum markiert, der in einem leichten Sattel steht; darunter soll Shilowa bestattet sein. Shilowa lebte bis 1883; die Siedlung, die sich möglicherweise auf mosambikanisches Gebiet hinüberzieht, wurde 1889 oder Anfang 1890 zerstört.[6]

---

[6] Bulletin Missionaire, V, 1884-85, S. 11; Andrade 1894, S. 472. Die auf dem Hügel befindliche Grenzmarke lag nach der Karte von Oliveira 1897 bei 23° 29′ S und 31° 43′ E.

Figur XVI   K 1(1—2), K 2(3—16), Keramik

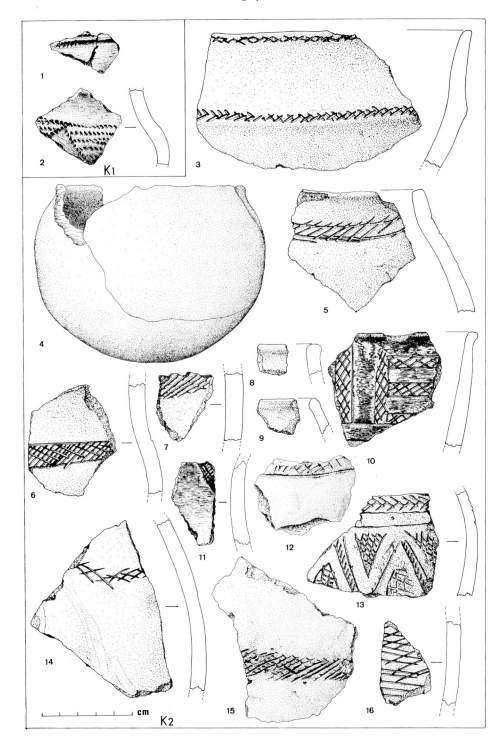

Der Begräbnisplatz wurde Mr. G. M. Ardendorff in Letaba etwa 1953 von einem damals schon sehr alten Bantu-Ranger gezeigt. Zu dessen Jugendzeit habe ein Elefantenzahn das Grab bezeichnet. Eine zeitgenössische Quelle bezeichnet die Bevölkerung als Lembetu oder Ngumbi[7], bei Krige & Krige (1943, S. 305 und Karte) heißen sie Thovolo.

Westlich des Baobab auf einer Fläche von ca. 80 × 100 m viele Scherben in einer grauen Erdschicht. Anscheinend ist die Fläche früher planiert worden, Steine jedenfalls selten sichtbar. Scherben wurden vereinzelt schon beim Aufstieg im Sattel gefunden, sowie bis zum oberen Drittel seiner nördl. Hangseite (der südl. Hang wurde nicht begangen). Keine Anzeichen für Terrassen oder sonstige Siedlungsreste, jedoch vereinzelt Steinanhäufungen, die artifiziellen Ursprungs — Gräber? sein könnten. Ein Grab ca. 60 m NNW des Baobab am Fuße des nördlichen Sattelhanges, eine ca. 2 m lange Steinpackung Nord-Süd orientiert, mit einem großen Steinblock im Norden. Zwischen den Steinen die Scherben eines kleinen Topfes (*Fig. XVI, 4*), unverziert. Die meisten Scherben mit Abschnitten von Schraffurbändern (*Fig. XVI, 3, 5—7, 10—16*). Ein Stück (*Fig. XVI, 10*) graphitiert. Verbleib: Museum Skukuza.

K 3   Ruinen
ca. 23° 45′ 00″ S, 31° 30′ 00″ E
Letaba-Bridge, östl., ca. 150 m von der Straße entfernt ein niedriger Bergzug mit steilem Felsabfall. Auf seiner Höhe, wie auch an seiner flachen Ostabdachung sind Steinwälle erkennbar, wohl Kraalbegrenzungen. Auf diesem Plateau vereinzelt Abschläge und Kernstücke, vorwiegend aus Quarz. Proben im Museum von Skukuza.

K 4   *Iron Age*, Ruinen
ca. 23° 47′ 40″ S, 31° 29′ 20″ E
Nwanedzi-River, östl. der westl. Straße von Letaba-Camp nach Letaba-Brücke, ca. 17 km von Letaba-Camp am Südufer des Nwanedzi-Flusses, bilden die Nwanedzi-Hills einen Steilhang aus. Längs des oberen, dem Fluß zugewandten Plateaurandes 10 Steinkreise mit einer Wandstärke von ca. 0,7 m und einem inneren Duchmesser von ca. 2,0 m. Die zum Fluß hin gelegene Eingangsöffnung ist etwa 0,6 m breit. Nach Form, Lage und Erhaltungszustand von den sonst gesehenen Ruinen verschieden. An einer Stelle außerhalb der Steinkreise unverzierte Scherben.

K 5   *Iron Age*, Ruinen, Metallverarbeitung
ca. 23° 52′ 30″ S, 31° 18′ 00″ E
Auf dem kleineren von zwei Hügeln (Pedi: Shiwulani), unmittelbar südl. der Straße Letaba-Phalaborwa Spuren von Wohnterrassen und -podien. Auf dem anderen Hügel, ca. 300 m südwestl. deutlicher sichtbar Wohnterrassen und -podien, vor allem an der O- und N-Seite. Wenige Scherben, sowie Quarzartefakte und Reibsteine.

Ca. 60 m nordwestl. des kleineren Hügels ein Schmelzplatz von ca. 8 m Durchmesser mit Eisenschlacken. Er enthielt eine Menge *Tuyère*-Reste (Blasebalgmundstücke). Zwi-

---

[7] Bulletin Missionaire, V, 1884-85, S. 11, volles Zitat in Liesegang 1984, S. B 97.

schen dem Schmelzplatz und dem Hügel eine 6—8 qm große, erhöhte Fläche aus grauer aschehaltiger Erde (Schmelzplatz oder Meiler?)

K 8   *Iron Age* (Eisenhacken), Terrassen
ca. 23° 53′ 40″ S, 31° 14′ 00″ E
Nach Mr. E. M. Ardendorff, Letaba, gibt es am Shikumbu-Hügel Wohnterrassen. Von dort Eisenhacken, eine davon Bantuarbeit (gleiche Form wie in Phalaborwa), die anderen europäisch. Ferner ein Gefäß gleicher Form und Verzierung wie Stücke aus Phalaborwa.

K 9   Terrassen
ca. 23° 55′ 30″ S, 31° 16′ 00″ E
Nach Mr. G. M. Ardendorff, Letaba, Wohnterrassen am Masorini-Hügel.

K 10   Terrassen
ca. 24° 01′ 20″ S, 31° 12′ 00″ E
Am Südhang des Putwane-Hügels Terrassenmauern.

K 11   *Iron Age*
ca. 25° 01′ 30″ S, 31° 15′ 30″ E
Phabeni. Westlich Skukuza, an der Grenze des Krüger National Parks fand Mrs. Prinsloo am Knick des Sabie-Flusses ein ganz erhaltenes Gefäß mit einem Loch im Boden (Grabgefäß?).

3.5 Fundplätze in Transvaal

3.5.1 Vorbemerkung

Die Fundstellen in Transvaal sind nicht nach genauen Koordinaten bestimmt. Die Bestimmung geschieht hier nach „Farmen", die ungefähr den deutschen Gemarkungen entsprechen, auf deren Gebiet die Fundpunkte liegen. Die Farmnummer, die dem Farmnamen beigegeben ist, folgt der neuen Numerierung nach: Alphabetic List of Farms in the Province of Transvaal, Pretoria 1960. Die Farmen sind gruppenweise in Koordinatenquadranten zusammengefaßt, die von jeweils nebeneinanderliegenden Breiten- bzw. Längengraden eingegrenzt sind. Die Durchnumerierung der Farmen, die Funde ergaben, erfolgt generell von Norden nach Süden innerhalb der Quadranten. Unsere Numerierung der Fundplätze ist nicht mit der amtlichen Farmnumerierung zu verwechseln. Die Quadrangen selbst sind von Westen nach Osten bzw. Norden nach Süden in einem fortlaufenden Zeilenschema angeordnet. Die Fundnummern werden von Quadrant zu Quadrant weitergezählt.

23° 10′—24° S, 29° 50′—30° E

T 2
Segop's Location 821 (Segop = Sekhopo)   Keramik, Terrassen
Von der Straße Mokeetsu-Munnik führt ein von der nördlichen Abzweigung nach Bast-

kloof gehender Feldweg, der zunächst parallel zur Straße läuft, zu einem Berg mit Wohnterrassen. Scherben in der Sl. Witt (*Fig. XVII, 1—7*).

T 3
Haenertsburg Town and Townland 1103   Keramik
SCHOFIELD (1948, S. 138) gibt an, basierend auf einen Fundbericht von Wells aus dem
Jahre 1935, daß „Class R 1" ähnliche Keramik in a „cave in the Haenertsburg" gefunden
wurde.

T 4
Allendale 1106   Felsmalereien?
Nach Witt soll es ca. 4 km SO von Haenertsburg Höhlen mit Malereien in Weiß und Rot
geben, die ca. 1920 von dem Missionar C. Hoffmann gesehen wurden. Witt konnte sie
trotz mehrmaligen Suchens nicht finden.

T 5
23° 10′—24° S, 30°—31° E
Ellerton-Mine   *Iron Age* (Kupferobjekte, Textil, Keramik, Glas)
Keine Farmbezeichnung, da der Klein-Letaba-Distrikt nicht in Farmen aufgeteilt ist.
    Skelette, Kupferfußringe, Textilfragmente, Scherben von drei Tontöpfen („Bantu") so-
wie Glasfragmente einer zylindrischen Flasche, nach WELLS (1935, 625 ff.).

T 6
Kortfontain 390   Ruinen, Terrassen
Am Berghang nördl. von Medingen und westl. von Modjadje's Location steinerne Wälle
und Terrassenmauern.

T 7
Modjadje's Location 424   Ruinen, Terrassen
Auf dem Mamadsira-Berg (der Name wurde uns von Jesaja Modjadje 1968 genannt) eine
ovale Befestigung mit Annex an der Nordseite. Die NS-Erstreckung beträgt etwa 40 m,
die OW-Erstreckung etwa 28 m. Die Mauer ist vollgesetzt und vorzüglich erhalten, bis zu
1,50 m hoch und 2,20/2,50 m, an manchen Stellen bis zu 3 m dick. Auf der Mauer sind
mehrere Monolithen in Originallage oder in rekonstruierbarer Lage vorzufinden. Als Er-
bauer der Festung gilt Madumane, ein Verwandter einer der Regenköniginnen, der in der
2. Hälfte des 18. Jh. oder in der 1. Hälfte des 19. Jh. lebte (zum Hintergrund siehe KRIGE
& KRIGE 1943, KRUGER 1936, GRIMSEHL 1955, Madumane ist bisher in Publikationen nicht
erwähnt). Unterhalb des Bauwerks neben z. Zt. verlassenen Gehöften kreisförmige Stein-
setzungen mit 2—3 m Durchmesser in wabenähnlicher Weise nebeneinander gebaut, in
denen Witt noch 1967 Schweine gesehen hat. Terrassierte Berghänge befinden sich neben
aus Stein gesetzten Stallungen vor allem auf beiden Hängen des oberen Molototsi-Tales.

Figur XVII   T 2(1—7), T 9(8—23), T 24(24—27), Keramik

T 8

Spitsrand 422   Ruinen

Auf dem Weg von Duiwelskloof nach Medingen befinden sich an der rechten Seite der
Straße zum Berg hin Steinwälle.

T 9

Eiland 134   *Iron Age*, Metallverarbeitung, Seifensteinschalen

Schmelzöfen und Schlacken am Fuße der „Black Hills", weiterhin Terrassen unbestimm-
barer Funktion; Informationen Witt.

   Erdhügel mit Scherben, Fragmenten von Seifensteinschalen, Flußmuscheln und Steinwerkzeugen in der Nähe von Salzgewinnungshaufen; nach BATES (1947). Funde
(*Fig. XVII, 8—23*) in der Slg. Witt.

T 10

Duiwelskloof   *Bored Stone*

Ein runder *Bored Stone* der „Bantu Series" nach GOODWIN (1947, S. 179).

T 11

Nooitgedacht 457   Ruinen

Gegen den Bergabhang hin liegen Steinwälle. Es handelt sich nach Witt evtl. um den bei
SCHIEL (1902, S. 269) genannten Kraal, dort fälschlicherweise den Ba Venda zugeschrieben.

T 12

Triangle 433/Sweet Home 458   Terrassen, Ruinen, Steinmörser

Am Bergabhang im SO der Farm Triangle und der Farm Sweet Home befinden sich in
Abständen am Berg Ackerterrassen und Speicherlöcher. Ein von außen unbearbeiteter
Steinmörser in der Slg. Witt.

T 13

La Cotte 736   Metallverarbeitung, *Bored Stones*

BATES 1947 berichtet von Schmelzöfen auf einer Farm 8 Meilen SW von Eiland.

   Nach Witt mehrere *Bored Stones* in Privatbesitz, darunter ein Exemplar aus weichem
Gestein, ca 20—22 cm im Durchmesser mit sanduhrförmigen Bohrungen.

T 14

Masalal 722   Metallverarbeitung

8 Meilen SE von Eiland 725: Schmelzöfen; nach BATES (1947).

T 15

Chester 756   Muschelhaufen, Seifensteinschale

„Muschelhaufen", ca. 12 Meilen SW von Eiland 725, mit einem flachen Gefäß; nach BATES
(1947). 1961 wurde von Mrs. H. H. Wolff ein Teil einer Seifensteinschale in einem aufge-
pflügten Feld gefunden (SAM. Inv. Nr. 6784). Maße: Höhe 7,5 cm innen und 11 cm au-

ßen, Außendurchmesser: 40 cm, Wandungsstärke 7 cm unten und 2,5 cm oben. In der Nähe wurde eine weitere komplette Schale gefunden.

T 16

Hamawasha 557 (?) Dellenstein

Ein Dellenstein in der Slg. Witt.

T 17

Mohlaba's Location 567 (?) Metallverarbeitung, *Bored Stones*

Auf dem Höhenzug am Letsilele-Fluß fand Witt Fundamente von Schmelzöfen sowie Eisenschlacke; in den östlich davon gelegenen Bergen ebenfalls Schlacke. *Bored Stones* nahe dem Letsilele nach BATES (1949).

T 18

Pigeon Hole 617 *Bored Stones*, Eisenhacke

Ein runder *Bored Stone* im Mus. Pretoria (Inv. Nr. TMD 1447) nach GOODWIN (1947).

Witt berichtet von einer eisernen Hacke und einem *Bored Stone* in Privatbesitz, vermutlich von Pigeon Hole.

T 19

Mamathola 609 Metallverarbeitung

Eisenzeitliche Schmelzöfen im Letsilele-Tal, heute von einem Damm bedeckt, ähneln denen von Phalaborwa. Information Witt.

T 20

Koedoes Rand 790 (?)

Nach CLARK (1967, S. 51); keine Informationen.

T 21

Rita 668 Ruinen, Terrassen, *Bored Stone*

Terrassen und Steinwälle auf dem Rita Hill, Information Witt.

Ein halber *Bored Stone* am Fuß des Hügels gefunden (Privatbesitz).

T 22

Leydsdorp, keine Nr. *Bored Stones*

Bored Stone im SAM (Inv. Nr. 2824). Eine Fläche als Reibstein benutzt.

Ein runder *Bored Stone,* nach GOODWIN (1947, S. 28).

T 23

Schiertocht 25 *Iron Age,* Terrassen, Metallverarbeitung

Felsdach, teilweise mit Steinen zugebaut („Refuge Site"); dort Scherbenfunde.

Alter Häuptlingsbegräbnisplatz auf dem Sealeng-Kopje. Der nördliche Abhang trägt gutbesetzte Terrassenmauern von 2 m Höhe.

Schmelzöfen nahe der Guide Copper Mine, nach SCHWELLNUS (1937, S. 906).

T 24

Laatse 24   *Iron Age,* Metallverarbeitung, Wohnterrassen, Reibschalen, Kupferstäbe
Befunde vom Kgopolwe-Hügel, der bis ins letzte Drittel des 19. Jh. bewohnt war. Wohnterrassen mit Holzbalken in der Terrassenwand im NW und im S. Mehrere Schmelzöfen
südl. und westl. am Fuße des Hügels und weiter entfernt. Reibschalen und Läufersteine am
südlichen Abhang.

Eine frühere Grabung am Kgopolwe (v. d. MERWE?) erbrachte einen weiblichen Schädel und weitere Skelettreste zusammen mit Glasperlen. Es handelt sich um: „probably
Bantu and (?) strong Bushman Matrix". Geschätztes Alter: ca. 200 Jahre.

In der Slg. Witt liegen 4 Scherben (*Fig. XVII, 24—27*) und das Ende einer *Tuyére* aus
der Grabung. Eine Randscherbe, ornamentfreie Fläche graphitiert (*Fig. XVI, 26*). Eine
Wandscherbe, unterhalb des Ornaments graphitiert (*s. Fig. XVI, 25*). Eine Wandscherbe,
ornamentfreie Stellen mit rotem Überzug (*Fig. XVI, 24*). Weiterhin zwei Kupferstäbe aus
Phalaborwa und mehrere Dellensteine in der Slg. Witt. Ein Knochenspatel zum Entkernen
der Morulafrucht (?) in der Slg. More.

T 25

Wegsteek 30   Metallverarbeitung
2 kleine Steingußformen am Masega's Kopje gefunden, nach MASON (1962, S. 421).
Schmelzöfen nach SCHWELLNUS (1937, S. 907). Terrassen und 2 Eisenschmelzplätze am
Matsere-Hügel (?).

T 26

Loole 31   Metallverarbeitung (Eisen u. Kupfer) Terrassen mit Monolithen
Nahe Nagome Monolithe auf Terrassen. Information Slg. More. In der Foskor-Mine Anlage eines alten Kupferbergbaus: 24 Fuß tiefer Schacht, 15—18 Zoll breit, mit Quergang
am Ende, Meißelspuren an den Wänden. Haussteine aus Dolorit und Feuerspuren.

Alter Schmiedeplatz mit dem Rest eines Ofens und einer Steinmauer als Windschutz
am Tsangane Hill. Ein Steinamboß mit Schlackenresten gehört zum Befund. Information
Slg. More.

Kupferschlacken bei Molota, Information SCHOLTEMEYER. „The whole Loole Kop is
studded with old workings"; nach SCHWELLNUS (1937, S. 904—912).

Nördl. der alten Madelane Road „old workings", nach SCHWELLNUS (1937, S. 906).

Zwischen den Molotho und den Nagome-Hügeln alte Schmelzöfen, nach SCHWELLNUS
(1937, S. 908).

Schmelzöfen nach MASON (1962, S. 421).

24°—25°/30°—31°

T 29

Square 150   Metallverarbeitung, *Iron Age*
Gut erhaltene Eisenschmelzöfen. Neben den Öfen Bretter. Nach Witt evtl. Reste eines
Troges, zur Herstellung der *Tuyéres.* Ein kleiner Stein mit vielen Vertiefungen aus der Slg.
Witt mag zum Zerkleinern des Erzes gedient haben. In der Nähe des Schmelzplatzes stan-

den in einer geschützten Nische drei ganz erhaltene Opfergefäße mit Inhalt. Informationen Slg. More u. Slg. Witt.

T 30
Pretoria   *Bored Stones*
Am Pretoriakop oder Kgatsachira bei Ofcolaco mehrere sehr große *Bored Stones* (bis
25 cm Durchmesser) vom Farmer aufgesammelt.

T 32
Calais 31   *Bored Stones*
Südl. von Ofcolaco ein *Bored Stone*, Slg. Witt.

T 33
The Downs 34   Eisenringe
„Letaba: The Downs 508 (alte Nummer) Cat. No. 9330. Iron Rings. Presented by S. F.
Barangwanath, P. O. The Downs. No Further Details." Nach Liste van Rensburg.

T 34
Harmony 140/Ria Privaatnaturreserve   Felsritzungen, Metallverarbeitung
                  (Kupferbergbau), Seifensteinschalen, *Bored Stones*, Steinring
Nördl. der Straße, die von der Straße Leydsdorp—Lydenburg rechts nach Trichardtstal
abzweigend parallel dem Makhutswi-Fluß läuft, fand Witt in der Nähe von schwefelhal-
tigen warmen Quellen eine große Seifensteinschalenwerkstätte. Gebrauchte Seifensteinschalen sind über das ganze Gebiet verstreut. *Sangoan*-Artefakte am Fundplatz und westlich davon. Evtl. handelt es sich um eine von Bates (1947, S. 369) beschriebene Stelle.
Nördl. der Straße symmetrische Felsritzungen. Alte Minenschächte in der Nähe. 2 *Bored
Stones*, einer davon in der Slg. Witt. Ein halber Steinring (Besitzer H. J. B. Krüger). Alte
Kupferminen der „Pedi" westlich des Drakensberg, südl. Leydsdorp an einem Nebenfluß
des Olifant-River, nach Thompson (1947).

T 36
Cambridge 184   Seifensteinschalen
2 Seifensteinschalen im Museum von Pretoria, nach Liste van Rensburg.

T 43
Holfontein 126   *LSA*, Felsmalerei
Rechts der alten Straße, südl. von Penge, Felsüberhang mit Darstellungen von Figuren
und Tieren in schwarz, gelb und rot. Dort auch *Smithfield*-Artefakte, Slg. de Kock.

T 47
Hackney 116   Felsmalerei
Nach van Riet Lowe (1952).

T 48
Godwinton 136   Felsritzungen
Nach van Riet Lowe (1952).

T 49
Dsjate 249   Ruinen, *Rock Slides,* Dellensteine
Sekukunis Festung am östlichen Ende der Lulukette, längsseits „Dijate" („Sekukuni's
Town"), 1879 von britisch-burischen und Swazi-Streitkräften gestürmt (Hughes 1957,
S. 102, Merensky 1899, S. 130, 132, Smith 1969). Auf dem nahegelegenen Thaba Bosego
sind „*Rock-Slides*"nach Hughes (1957, S. 104 und 106).
    Drei Dellensteine im SAM (Inv. Nr. 1235), Fundplatzangabe: Djisati (sic!).

T 50
Klipfonteinhoek 407   *LSA, Iron Age* Felsmalerei
An der Zufahrtsstraße zu den Echo Caves liegt der „Bushman-Rockshelter" mit Felsmalereien. Grabungen ergaben *Iron Age* (Keramik), *LSA* und *MSA* (Pietersburg), s. Eloff
(1969).

T 51
Honignest Krans 408   *LSA*
Ca. 2 Meilen südlich der Straßengabelung auf Klipfonteinhoek zweigt eine relativ kurze
Straße nach Osten ab. Am Ende derselben befindet sich eine Höhle mit *MSA* und *LSA*
(*Smithfield*) in knochenhaltiger Brekzie. Funde in der Slg. de Kock.

T 52
Kander 434   Ruinen, Terrassen
Beiderseits der Kehre am neuen Aussichtspunkt Terrassenmauern. Oberhalb des Blyde
„River Canyon Recreation Resort" alte Wohnplätze mit Einfriedungsmauern und Wohn-
terrassen.

T 53
Onverwacht 292   Felsmalerei
Nach van Riet Lowe (1952).

T 54
Dientje 453   Felsmalerei
Nach van Riet Lowe (1952).

T 55
Erasmushoop 457   Felsmalerei
Nach van Riet Lowe (1952).

T 57
Ohrigstadt 433   *Bored Stones*
Mehrere runde *Bored Stones* („Bantu") sowie ein länglicher *Bored Stone* (evtl. „Bantu"),
nach GOODWIN (1947, S. 179).

T 58
De Grooteboom 340   *LSA*
Ein Kernstein (*LSA*) und ein poliertes Knochenfragment, im SAM unter der Inv. Nr. 3009.

T 59
Goudmyn 337   *Iron Age*
Nahe Steelport zwei Schädel mit Skelettresten und Tierknochen (Rind) sowie Keramik
zusammen gefunden; s. DEARLOVE (1935).

T 60
Rustplaats 522   *Iron Age*
Zwei Daggapfeifen, eine aus Ton und eine aus Seifenstein; Slg. de Kock.

T 61
Goedvooruitzicht 394   Felsritzungen
Nach VAN RIET LOWE (1952).

T 62
Krugerspost 550   *Iron Age*
Nach GOODWIN (1947, S. 179).

T 63
Concordia 560   *Iron Age*
„Iron Pick found in a sandstone formation with about 3—4 feet of sand covering it
(Cat. Nr. 7953 Museum Pretoria)." Nach Liste VAN RENSBURG.

T 64
Kransloof 554   *Iron Age*
Kleines Gefäß im Museum Pretoria unter der Nr. 37/211. Ähnelt der Class R 1 Ware von
SCHOFIELD (1948, S. 141).

T 65
Sheila 10   Seifensteinschalen
Seifensteinschalen nach Witt. Möglicherweise identisch mit Funden von T 66.

T 66
Rhoda 9   Seifensteinschalen
Seifensteinschalenwerkstätte und Geröllwerkzeuge (*Sangoan?*); Information Slg. Witt. 3

„Zauberdoktorgefäße" mit menschlichen Schädelteilen aus dem „Mupatse Rock Shelter"
am Südhang des Kgopolwe; Slg. More.

25° —26° /29° 50′—30°

T 67

Mapochsgronde 500   Ruinen, *Bored Stones*, Metallverarbeitung
Mapochstad, eine mit Steinwall umgebene Feste, von den Ndebele (*vgl. Kap. 4.3.2.1*) er-
baut; nach Mason (1962, S. 435—436). *Bored Stones* auf Rossenekal nach Goodwin 1947,
S. 149 (länglich), S. 180 (rund), S. 182 (mehrere runde).

T 68

Boomplats 24   Felsritzungen, Metallverarbeitung (Kupfer), Terrassen, *Bored Stones*
Felsritzungen an mehreren Stellen, meist dort wo es Steinblöcke aus Seifenstein gibt.
    Eine Gruppe von Ritzungen liegt hinter einer Brücke auf einer flachen Höhe, die mit
Steinblöcken bedeckt ist, vor allem auf der linken Seite der Straße Lydenburg—Burgers-
fort, ca. 50 m davon entfernt in einem Abschnitt von ca. 100 m; aber auch auf der rechten
Seite (Begehung Ko/Sm). Weitere Ritzungen sind über den privaten Teil der Farm verstreut. Es sind konzentrische Kreise und Flecken, geometrische und unregelmäßige Figuren sowie Tierfiguren dargestellt. Siehe dazu: van Riet Lowe (1956), Malan (1955), van
Hoepen (1939), Pyper (1918), Wilde (1913, S. 49—52). Bereits Wilde erwähnte die Legende oder Tradition (von der auch Witt berichtete), nach der Menschen in langen weißen
Kleidern Bergbauschächte nördl. Lydenburg angelegt haben sollen. Dieselbe Angabe ist
mit einer Hacke von Sekoro's Lokasie (südl. Ofcolaco) aus der Slg. Witt verbunden. Die
indischen Händler, die nach 1870 nach Ost-Transvaal kamen, entsprechen der Beschreibung (sie benutzten Esel), trieben aber keinen Bergbau. Vielleicht vermischten sich Erinnerungen an islamische Zwischenhändler des 18. Jh. aus Inhambane und an Lemba mit
späteren Erscheinungen.
    Alte Kupferminen und Terrassen in der Nähe von Felsritzungen nach N. N. (1948,
S. 110).
    „Lydenburg Kopperplaas near Boomplaats Cat. Nr. 3699 Hammer Stone, Found
30—40 ft. below surface. No further details"; nach Liste van Rendsburg.
    Reste von Terrassen auf der Straße von Lydenburg nach Burgersfort ca. 50 m hinter
einer Brücke. Begehung Ko/Sm.
    Weiterhin Terrassen nach van Hoepen (1939) und Breutz (1956, S. 158).
    Ein *Bored Stone* aus Seifenstein im Südwesten der Farm, bei einem kürzlich verlassenen
Kraal gefunden.

T 70

Townlands of Lydenburg   *Bored Stones*
Längliche *Bored Stones* nach Goodwin (1947, S. 149).

T 71

Zwagershoek 82   *Bored Stone*

„Bored Stones, Presented by Mr. van der West, No further details (Cat. Nr. 7880, Museum Pretoria)"; nach Liste VAN RENSBURG.

T 73

Heidelberg 249   *LSA*

Einige Steinartefakte am SO-Hang einer neuen Tabakpflanzung. Die Stücke aus Quarz und dunkelgrünem Material gehören entweder ins *LSA* oder ins *MSA*. Begehung Ko/Sm/Wi.

T 74

Dingwell 276   Felsmalereien, Felsritzungen, *Iron Age*
(s. a. T 114, Lowlands 112)

Felsritzungen, u. a. eine strahlenförmige Darstellung, mit Keramik; nach TRACEY (1956).

Nach Information von E. Speed entdeckte A. Tracey um 1966 zwei neue nicht publizierte Plätze mit Ritzungen und Malereien.

Vier Stellen mit Malereien und eine mit Ritzungen in der Umgebung der Bahnstation Rocky Drift nach VAN RIET LOWE (1952).

SCHOONRAAD (1965) beschreibt eine Stelle in der Umgebung der Bahnstation Rocky Drift. Sehr gut erhaltene Darstellungen eines dunkelroten Elefanten, mehrerer Antilopen und einer Menschenfigur in dunkelrot. Weiterhin eine 2 Meilen davon entfernte Stelle mit dunkelroten Darstellungen zweier bewaffneter Figuren.

T 75

Farm 281 (Name unbekannt)   Felsmalerei

M. Kirk aus White River zeigte Ko/Sm eine Felsbilderstelle, gegenüber der Strahlengravierung (s. T 74 nach TRACEY 1956), auf der anderen Seite des Tales unterhalb eines Felsblocks am Rande eines schluchtartigen Bachbettes. Tier- und Menschendarstellungen in rötlicher Farbe mit gelber Umrandung, z. T. stark verblaßt; u. a. ein trächtiger roter Rietbuck sowie eine Säbelantilope in Rot.

T 76

Schagen 283   *Bored Stones*, Pfeifen

Bored Stones, nach GOODWIN (1947, S. 26 [rund], S. 180 [rund, „Bantu"], S. 182 [länglich, „Bantu"]). Dagga-Pfeifen nach LAIDLER (1938, S. 15—16 mit Abb. 8 u. 10).

T 77

Barclays, Vale 288   *Bored Stones*

Fundstelle nach GOODWIN (1947, S. 180). Runder *Bored Stone* („Bantu") auf der Oberfläche einer alten Flußterrasse.

T 78
Cairn 306   Felsmalerei
Nach van Riet Lowe (1952).

T 79
Mooiplaats 147   *Bored Stones*
Bored Stones, Oberflächenfunde nahe bei der Polizeistation Schoemanskloof, nach Good-
win (1947, S. 181).

T 80
Zondagskraal 145   Felsritzungen
Felsritzungen in der Schoemanskloof-Gegend im SW der Polizeistation. Es ist durchaus
möglich, daß sie auch auf der unter T 79 aufgeführten Farm liegen. In die Oberfläche von
rötlichen Sandsteinblöcken sind nichtgegenständliche Figuren geritzt.

T 81
Blaawboschkraal 346   Ruinen, Terrassen, Metallverarbeitung
Mehrere Hinweise auf Steinbauten, die sich wahrscheinlich alle auf die Farm Blaawboschkraal beziehen: Walton (1958, S. 133 u. S. 135 [Steinkraals mit Ackerterrassen]), Laidler
(1938, S. 133), van Hoepen (1939).
      Summers (1953) erwähnt „at least seven large groups of well-built kraals" für „Blou-
boskraal" (sic!).
      In der Zeitung Star, Johannesburg, vom 27. 11. 1965 wird eine Siedlung mit mächtigen
Steinwällen aus der Gegend von Belfast-Machadodorp beschrieben, vermutlich auf Farm
Blaawboschkraal. Ob es sich um eine in der Literatur beschriebene Stelle handelt, war
nicht zu ermitteln. Die Anlage soll relativ jung sein (19. Jh.) Es wurde auch Eisenschlacke
gefunden.

T 82
Eerstegeluk 372   Terrassen, Ruinen
Terrassen und irreguläre Mauern ca. 20 Meilen östl. der bei van Hoepen (1939) erwähn-
ten Terrassen. Nach Mason (1962, S. 414).

T 83
Airlie (Bahnstation, ca. 50 km östl. Machdodorp)   Ruinen
„Stone-built settlements" nach Laidler (1938, S. 133).

T 84
Waterval 120   Ruinen
„Stone-built Settlements" nach Laidler (1938, S. 133).

T 85
Machadadorp   *Bored Stones*
Runde *Bored Stones* („Bantu") nach Goodwin (1947, S. 181).

T 86
Belfast (Stadt)   *Bored Stones*
Bored Stones nach Goodwin (1947, S. 26).

T 89
Schoongezicht   Ruinen
„. . . late examples of the Stone Building culture erections", nach Laidler (1938, S. 9).

T 93
Melton 691   *LSA. Bored Stones*, Steinring
Funde von verschiedenen Stellen der Farm im Mus. Barberton. Es sind *Smithfield*-Arte-
fakte, ein kleiner *Bored Stone*, ein Steinring sowie älteres Material. Malan & van Niekerk
(1955, S. 233 und 235) führen *Smithfield*-B-Industrie mit Andeutung von *Smithfield*-A-
Tradition unter „van Niekerk Nr. 8" an.

T 94
Bloemfontein 399   *Bored Stones*, Ruinen, Terrassen
Ruinen und Ackerterrassen mit *Bored Stones* im Komati Valley, nach Goodwin (1947,
S. 181).

T 97
Welgevonden 412   *Bored Stones*
Nach Goodwin (1947, S. 180).

T 98
Waterval 424   Ruinen, Terrassen, *Bored Stones*
Ruinen (Bantu) mit Ackerterrassen im Komati-Valley zusammen mit *Bored Stones*, nach
Goodwin (1947, S. 181).

T 104
Theeboom 190   Felsmalerei
Nach van Riet Lowe (1952); s. a. N. N. (1961, S. 4), in einer Höhle nahe Badplaas.

T 105
Tjakastad 730   Felsmalerei
Nach van Riet Lowe (1952).

T 107
M'Timba 20   Felsmalerei
Nach van Riet Lowe (1952).

T 108

Peebles 31   *LSA*. Felsmalerei, Keramik
Felsmalerei nach VAN RIET LOWE (1952). Malereien, *LSA*-Artefakte und Keramik an meh-
ren Stellen in der Nähe des Bushman Rock Hotels; Information Mr. O. K. v. Kirk.

T 109

Lot 165 (Reservatsgebiet)   Felsmalerei
Nach VAN RIET LOWE (1952).

T 111

Logogte (Berg)   Felsmalerei
Rote Tierdarstellungen nahe dem Gipfel des Logogote (Lugogode), einer Felskuppe auf
dem Weg zum Krügerpark, ca. 5 Meilen vom White River. Nach SCHOONRAAD (1965,
S. 11).

T 112

The Fountains 58   *Bored Stones*
Bored Stone von ca. 70 mm Durchmesser mit zwei Bohrungen, die eine, eine Vollbohrung,
ist ca. 9 mm breit, die andere, eine Doppelbohrung, mißt von der einen Seite 18 mm und
ist von der anderen Seite ausgebrochen.
    Ein länglicher *Bored Stone* aus Seifenstein, ca. 17 cm lang, 16 cm breit und 11,5 cm
dick. Das doppelkonische Bohrloch mißt ca. 40 mm oben, ca. 37 mm unten und ca. 26 mm
in der Mitte. Beide Stücke im Besitz von Mr. H. O. K. v. Kirk, White River.

T 113

White River 64   Pfeife
Eine Dagga-Pfeife, nach LAIDLER (1938, S. 16 mit Textfigur Nr. 9). Verbleib, Witwatersrand University Medical School, Nr. 3951.

T 114

Lowlands 112   *LSA*, Felsritzungen u. Malerei, Ruinen, (*Iron Age*)
Begehung durch Ko/Sm. Steinmauern, Reste einer Befestigung auf einem Kopje, das nach
dem um 1860 belegten Letsies oder Lesisi, Oberhaupt der Mbai, benannt ist (ZIERVOGEL
1954, S. 11 und Mitt. von Mr. H. O. K. v. Kirk). Eine strahlenförmige Felsgravierung ist
sicherlich mit der von TRACEY (1956) erwähnten identisch (s. T. 74). Mehrere Felsmalereien sind möglicherweise ebenfalls identisch mit denen von T 74. Unterhalb dieser Malereien liegen Abschläge, meist aus Quarz; bei den Malereien selbst Spuren alter Raubgra-
bungen sowie *LSA*-Artefakte und meist unverzierte Scherben.

T 115

Bergvlei 123   Felsmalerei
Nach VAN RIET LOWE (1952).

T 116
The Valley Farm 127   Felsmalerei
Dunkelrote Tierdarstellung ungefähr zehn Meilen von Nelspruit in den Hügeln hinter der
Tabakspflanzung des Farmers nach SCHOONRAAD (1965, S. 12).

T 120
Karino Farm 134   Felsmalerei
nach VAN RIET LOWE (1952).

T 121
Tipperary 135   Felsmalerei
Nach VAN RIET LOWE (1952) sowie SCHOONRAAD (1965, S. 12).

T 122
Malelane 389   *Bored Stone*
Bored Stones (rund) und *LSA*-Artefakte nach GOODWIN (1947, S. 26).

T 127
Kaaprivier (Fluß)   *Bored Stone*
Ein runder *Bored Stone* und ein „Bantu"-Exemplar in den Flußsedimenten des Kaap River;
nach GOODWIN (1947, S. 26 u. 180).

T 128
Lot 133   *Bored Stones,* Metallverarbeitung
Bored Stones sowie „native smelting work" nach GOODWIN (1947, S. 180).

T 129
Eureka Station 285   *LSA, Bored Stones*
Smithfield-Material im Museum Barberton sowie ein halber *Bored Stone* von einer anderen
Stelle.

T 130
Caledonia (Bahnstation)   *Bored Stones*
Die dazugehörige Farm war nicht auszumachen. Das Gebiet liegt ungefähr südl. von Cla-
rendon Vale Nr. 308. Zwei *Bored Stones* in SAM (Inv. Nr. 3022).

T 136
Barberton Townlands 369   Felsmalerei, *Bored Stones*
Zwei Stellen mit Felsmalereien nach VAN RIET LOWE (1952).
     Runde *Bored Stones* (Bantu) nach GOODWIN (1947, S. 180).

T 141

Breyten (Stadt, Distrikt Ermelo)   Felsmalerei
Reste roter Tierdarstellungen in einem Tal in der Nähe von Breyten, nach SCHOONRAAD
(1965, S. 11).

T 142

Klipstapel 243   Felsmalerei
Nach VAN RIET LOWE (1952).

T 143

Tafelkop 270   Ruinen, *Iron Age*
Ruinen einer Siedlung mit Bestattungen (2 Skelette); 2 Gefäße im „Ethnological Mus." der
„University of the Witwatersrand". Nach HOERNLÉ (1930).

T 144

Ermelo (Stadt)   *Bored Stones*
Ein *Bored Stone* aus Seifenstein im SAM (Inv. Nr. 3815) mit Bearbeitungsspuren von ei-
nem Metallwerkzeug. Ein runder *Bored Stone* sowie ein weiterer *Bored Stone* nach GOOD-
WIN (1947, S. 26 und S. 181).

T 154

Kleinbuffelspruit 31   Felsmalerei
Nach VAN RIET LOWE (1952).

T 155

Vlaksplaats 187   *LSA*, Felsmalerei, *Iron Age*, Terrassen, *Bored Stones*
Ca. 1,5 km südwestl. von Steynsdorp liegt eine Granitkuppe, auf der Karte 1:50 000 als
Höhe 3315 vermerkt. Begehung Ko/Sm. Unterhalb der Kuppe liegt ein Felsdach mit Ma-
lereien und Keramik; am Nordrand eine Höhle mit zwei Eingängen, 25—30 m oberhalb
des Bergfußes. Neben dem östl. Eingang eine Straußeneiperle. Innen, besonders im westl.
Teil, unverzierte Scherben, die z. T. eine Überfangschicht tragen. An dieser Stelle war die
Höhlendecke mit Ruß verschmiert. Im niedrigeren östl. Teil der Höhle standen glattge-
wetzte Sitzsteine. Überall lagen Tierknochen, ortsfremde Gesteinssplitter, mehrere fremde
Gesteinsplatten sowie Glassplitter. Im westl. Eingang lag ein Mahlsteintrog. Die zwei gefundenen Steinartefakte sind vermutlich ins *LSA* zu datieren. Über dem verbauten Eingang sind mehrere Malereien auf glattem Fels, darunter vier männliche Figuren in dunkelrot (vgl. S.A.A.B. Nr. 88 Abb. auf Cover u. Text S. 128) ca. 15 cm hoch, zwei davon mit
einem Bogen bewaffnet. Sie überlagern eine große Antilope mattvioletter Färbung und
eine andere, darunter stehende gehörnte Tierfigur in gelbrot. Um diese Gruppe herum befinden sich mehrere Reste von anderen Darstellungen. Der ganze Berg ist vor allem am
Nord- und Osthang mit Terrassen und Wohnplattformen bedeckt.
    Runder *Bored Stone* (Bantu) aus Steynsdorp nach GOODWIN (1947, S. 183). Weitere
Bored Stones aus Steynsdorp liegen im SAM. Ein flaches, ovales Stück mit einer einseitig

erweiterten Bohrung (Inv. Nr. 5624). Zwei andere (Inv. Nr. 3020), eines davon relativ groß mit konischer Bohrung.

T 156
Jagdlust 30   *Bored Stone*
„Carolina: Jachtlust 64 (alte Nr.) Cat. Nr. 8040—41 Perforated Stone and Hammer Stone. Presented by J. A. Joubert"; nach Liste VAN RENSBURG.

T 157
De Goedeverwachting 57   Felsmalerei
Nach VAN RIET LOWE (1952).

T 158
Witkranz 53   Felsmalerei
Nach VAN RIET LOWE (1952).

T 159
Tygerkloof 193   Felsmalerei
Felsmalereien auf Tygerkloof 105 (alte Nr.) im Ermelo Distrikt bei VAN RIET LOWE (1952). Damit ist aber vermutlich Tygerkloof 103 (alte Nr.) im Distrikt Carolina, das an der Grenze zum Distrikt Ermelo liegt, gemeint.

T 161
Goedverwachtung 81   Felsmalerei
Nach VAN RIET LOWE (1952).

T 162
Florence 78   Felsmalerei
Nach VAN RIET LOWE (1952).

T 163
Lake Chrissie 92   *Bored Stones*
Im SAM liegen zwei *Bored Stones* aus Seifenstein (Inv. Nr. 1733). Der eine ist länglich und gut poliert. Die Bohrung verläuft leicht ausgeschrägt mit vertikalen Riefen. Der zweite ist zylindrisch mit großer Bohrung. Er trägt Spuren einer Bearbeitung mit einem Eisenwerkzeug.
Ein runder *Bored Stone* nach GOODWIN (1947, S. 26).

T 164
Welgelegen 107   *LSA, Iron Age*
Höhle, ungefähr 0,5 Meilen westlich der Straße zwischen Chrissie und Ermelo und 12,5 Meilen NNE Ermelo. Grabung ergab *Iron Age-* und *LSA*-Schichten. SCHOONRAAD & BEAUMONT (1971).
Felsmalereien nach VAN RIET LOWE (1952).

T 165
Vlakfontein 108   Felsmalerei
Nach VAN RIET LOWE (1952).

T 166
Belpoort 225   Felsmalereien
Nach VAN RIET LOWE (1952).

T 167
Athole 392   Felsmalerei
Nach VAN RIET LOWE (1952).

4   Ethnische und politische Einheiten, Wanderungen und politische Grenzen

4.1 Einleitende Bemerkungen

Das Darstellungsprogramm für die nicht archäologischen Sachverhalte umfaßt:

a) die Verarbeitung der ethnischen Gruppen bzw. Sprach- und Dialektgruppen (Nguni, Sotho, Tsonga, Chopi, Tonga von Inhambane sowie zahlenmäßig kleinere Gruppen wie die „Afrikaner", Kolonisten europäischen Ursprungs, Ndau, Venda, Buschmänner) sowie, falls gegeben, regionale Differenzierungen innerhalb dieser Gruppen;

b) Namensangaben für wichtige Gruppen von Häuptlingstümern oder regionale Gruppen, Namen von Häuptlingstümern (bzw. kleinen Staaten, benannt meist nach dem Titel oder Klannamen des Chefs), Namen von Personen, die wichtige Positionen als regionale Verwaltungschefs innehatten, und ein wichtiger Ortsname;

c) grobe Indikation der Bevölkerungsdichte: siedlungsleer bzw. sehr dünn besiedelt, besiedelt;

d) einige größere Bevölkerungsbewegungen des Zeitraums 1839—1897, insbesondere solche, die die Verbreitung ethnischer Gruppen beeinflußten;

e) politische Grenzen um 1875—1885, insbesondere in Mosambik, welche die Ausdehnung portugiesischer Macht erkennen lassen.

Um eine Überlastung der Karte zu vermeiden, wurden wirtschaftsgeschichtliche Daten wie z. B. Verkehrslinien, Handelsniederlassungen und Minensiedlungen des späten 19. Jhs. sowie auch die frühen kolonialen Verwaltungsposten auf *Karte 3* übertragen. (Die Quellen zu den Daten auf dieser Figur sind z. T. in LIESEGANG 1984 genannt.)

Dieses Kapitel soll einige Erläuterungen zu den dargestellten Einheiten geben. Ein Teil früherer ausführlicherer Kommentare, die Daten enthalten, die hier keinen Platz finden konnten, wurde kopiert und in drei Bibliotheken hinterlegt (LIESEGANG 1984).

4.2 Definition und Charakterisierung ethnischer und politischer Einheiten

4.2.1 Über Definition, Bildung und Reproduktion ethnischer Einheiten

Im *Abschnitt 1.2.1.2* wurde erwähnt, daß der 1968 gegebene Auftrag lautete, die „präkolonialen Verbreitungsgebiete der Stämme" darzustellen. Das Wort „Stamm" ist heute in der deutschen Ethnologie nicht mehr akzeptabel. Beispielsweise verzichteten HABERLAND und STRAUBE in einem 1977 überarbeiteten älteren Artikel über Nordostafrika ausdrücklich auf die Verwendung des Wortes „Stamm" und definierten zwei Typen ethnischer Einheiten: „Mit ,Volk' soll eine zahlenmäßig größere, kulturell wie sprachlich eine gewisse Einheit bildende Gemeinschaft, mit ,Ethnie' eine kleinere bezeichnet werden" (HABERLAND & STRAUBE 1979, S. 69). Sie paßten ihre Terminologie den heutigen Wertvorstellungen und der kulturellen und sozialen Realität Nordostafrikas an. Etwas Vergleichbares taten andere Autoren. Das Resultat ist, daß die Terminologie nicht einheitlich ist. Dies liegt nicht nur an fehlender Diskussion zwischen den Afrikanisten, sondern auch an der Vielfalt soziopolitischer und kulturgeschichtlicher Situationen. Allgemein könnte man sagen, daß die kulturellen Unterschiede in einer bestimmten Situation zwar historisch gegeben sind, ihre Wirksamkeit, Reproduktion usw. weitgehend von den politisch-sozialen, wirtschaftlichen und technologischen Strukturen abhängen, innerhalb derer sie bestehen. Deshalb gibt es zwar gewisse Grundbedeutungen, jedoch die im konkreten Fall charakterisierenden Merkmale variieren (vgl. dazu PANOFF in PERRIN 1982 über Ethnie). In modernen Gesellschaften werden „ethnische Gruppen" oft durch Sprache, manchmal aber auch durch Religion und Herkunft definiert (vgl. LEVER 1968 über ethnische Vorurteile in Südafrika, wo auch die Juden Südafrikas als „ethnische Gruppe" genannt werden). Auf dieser Karte wurden als ethnische Gruppen lediglich solche aufgeführt, die sich auch sprachlich von ihren Nachbarn unterscheiden. Dies ist eine in der traditionellen Ethnographie häufige Praxis. Dadurch wurden Gruppen nicht berücksichtigt, die sich, wie etwa die Lemba in Transvaal, lediglich durch Herkunftstradition, Heiratsbeschränkungen und früher auch berufliche Spezialisierung auszeichneten.[8] Auch in Mosambik gab es Fälle, bei denen nach der sprachlichen Zugehörigkeit entschieden wurde.[9]

Es war nicht gefordert, daß sich eine ethnische Gruppe durch eine gemeinsame materielle Kultur hervorheben muß, obwohl in bestimmten Fällen (*vgl. Kap. 2.7.2 und 2.9*) Verbreitungsgrenzen ethnischer Gruppen auch Verbreitungsgrenzen bestimmter Objekttypen und Formen sein können.

Vorausgesetzt wird aber, daß die Gruppe selbst oder ihre Nachbarn sich bewußt sind, daß sie eine Einheit bildet. Dies läßt sich meist durch das Vorhandensein von gemeinsamen Namen nachweisen. Gemeinsame Namen können jedoch unterschiedliche Ursprünge und Bedeutung haben. Sie können sich auf politische, ehemalige politische, regionale, lokale, rassische oder sprachliche Einheiten beziehen. Jede dauerhafte Bildung einer politischen Einheit schafft neue soziale und kulturelle Gruppen und beeinflußt das System so-

---

[8] Vgl. VAN WARMELO (1966); WANGEMANN (1868, S. 437)

[9] Die Matsimbi von Homoine bezeichneten sich als Tshopi, obwohl sie deren Sprache nicht (mehr?) sprechen. Sie wurden den Tswa zugerechnet.

zialer Distanzen, das mit dem der ethnischen Gruppen verbunden ist. Vielfach überschneiden sich mehrere Komponenten in einem Namen. Es gibt auch Beinahe-Synonyme.

Laut Definition braucht eine „ethnische Einheit" keine einheitliche politische Organisation zu besitzen. Die bis vor kurzem in Südafrika *tribes* genannten Gruppierungen sind *keine ethnischen Einheiten*. Es sind Gruppen, die einem „chief" unterstehen (JACKSON 1975, S. 1). Sie werden zum Teil mit einem erblichen Häuptlingsnamen oder dem Klannamen der Häuptlingsfamilie bezeichnet. In manchen Publikationen treten diese Namen zu sehr hervor. Da diese Gruppen auch kartierbare Territorien bewohnten und andere Einheiten nicht so leicht faßbar sein können, neigt man leicht dazu, sie als ethnische Einheiten zu kartieren. In Mosambik bestand seit etwa 1910 eine andere Verwaltungs- und Publikationstradition als in Südafrika. Die *regulados,* die etwa den südafrikanischen *tribes* entsprechen, treten gegenüber sprachlichen Einheiten etwas zurück. (Aus dem vorliegenden Datenmaterial lassen sich ihre Territorien aber auch dort rekonstruieren. Ein wichtiger unterscheidender Faktor der Verwaltungspraxis war, daß die Institution der Reservation und Landenteignung für europäische Siedler in beiden Territorien unterschiedlich gehandhabt wurde.)

Bei Bearbeitung der Karte muß also versucht werden, aus den namentragenden Gruppen diejenigen auszuwählen und darzustellen, die als kulturelle, insbesondere sprachliche, Gruppen bezeichnet werden können. Teilweise war dies nicht allzu schwierig und in manchen Gebieten konnte der Bedeutungswandel von Begriffen (z. T. auch ihre Konstanz) über 150 Jahre, manchmal auch länger zurückverfolgt werden. Die unterschiedliche Erfassung der kulturellen Verhältnisse, der sozialen Beziehungen und Wertvorstellungen durch die benutzten Quellen stellte jedoch ein großes Problem dar. Unwillkürlich führte z. B. die Vertrautheit mit den Teilen von Mosambik, in denen Feldforschungen durchgeführt worden waren, dazu, die dort gemachten Beobachtungen zurückzuprojizieren. Obwohl nach Bewußtwerden dieses Problems die Kartenentwürfe noch einmal überarbeitet wurden, gibt es doch gewisse Unterschiede in der Darstellung der Tsonga und Sotho, insbesondere bei der Verwendung von Rastern. Das Zuverlässigkeitsdiagramm drückt aus, daß für Südafrika teilweise Daten fehlen.

Wie ist die Bildung ethnischer Einheiten vor dem 19. Jh. in dieser Region zu erklären? In einem früheren Abschnitt (*Kap. 2.9*) wurde angenommen, daß das Gebiet der KS durch zwei Schübe von bantu-sprachigen Einwanderern in Besitz genommen wurde, die kulturell (und damit auch sprachlich) schon differenziert waren. Die Notwendigkeiten feldbaulicher Produktion und die Tatsache, daß bereits nach wenigen Jahrhunderten alle Gebiete in Besitz genommen worden waren, schränkten die Mobilität ein. Manche Gebiete, die eine gute Kombination von unterschiedlichen Anbau-, Weide-, Fischfang- und Jagdmöglichkeiten besaßen, waren vermutlich schon nach wenigen Jahrhunderten recht dicht besiedelt und wiesen wohl auch eine große Bevölkerungskontinuität auf. Da die Bevölkerungen vieler Teilregionen nicht ständig miteinander verkehrten, konnten sie sich kulturell weiter differenzieren. Gewisse dünn besiedelte Gebiete wie das Lowveld westlich der Lebombos mögen dabei als Trennlinien gewirkt haben, obwohl sie durch den Handel und von kleineren Flüchtlingsgruppen überschritten wurden.

Nachdem unterschiedliche ethnische Gruppen vielleicht z. T. in Form von Dialektkontinua in den dichter besiedelten Gebieten entstanden waren, konnten in erster Linie nur noch massive Wanderungen und Machtverschiebungen ihre Verbreitung beeinflussen. Für die Zeit vor dem 15. Jh. ist bisher kaum etwas von diesen Vorgängen faßbar. Aus Mosambik (Gwamba) liegt ein Hinweis vor, daß die Bildung des Mwenemutapa-Staates nach 1450 sich durch eine kleinere Wanderbewegung auch auf Südmosambik auswirkte. Aus dem 18. Jh. liegen Anzeichen aus Nordtransvaal (BEACH 1980, S. 213—217, 261—263) und dem Hinterland von Inhambane (um 1728 und 1760—1780) vor, daß Bevölkerungsbewegungen stattfanden. Die Periode vorkolonialer Kriege um 1829—1840, die als mfecane oder difaqane bekannt sind und ihren Ursprung wahrscheinlich im Gebiet der Zulu hatten, und die darauf folgende Konsolidationsperiode strukturierten die politischen und ethnischen Einheiten neu. Im Zuge der wirtschaftlichen und politischen Veränderungen ab 1840—1870 entstanden neue politische Einheiten, und damit veränderten sich auch die Reproduktionsbedingungen für die ethnischen Einheiten.

Es gibt bisher nur vereinzelte Daten über Sprach- und Dialektwechsel, Wandlungen in den religiösen Anschauungen im 20. Jh. Jedoch deuten sie darauf hin, daß die spätpräkoloniale Prestigestruktur zunächst noch einmal weiterwirkte (Expansion des Swazi bei den Mbai und des Changana im Gebiet der Makwakwa und Khambana, Besessenheitskulte). Was jedoch anschließend geschah, ist bisher kaum untersucht.

Ein wesentlicher Faktor bei der Reproduktion ethnischer Gruppen ist die sogenannte Enkulturation in der Familie oder Nachbarschaft im Jugendalter. Sprache und ein großer Teil sonstiger Kulturelemente werden in diesem Bereich weitervermittelt. Die Art der Kontaktgruppen, fehlende Kontinuität in den Wohnverhältnissen etc. können dazu beitragen, daß nicht nur die Kultur der Eltern, sondern auch die fremdethnischer Nachbarn übermittelt wird. Bildung neuer Siedlungen und politischer Einheiten, Zwei- und Mehrsprachigkeit, Mobilität sind Faktoren, die untersucht werden müssen.

Es kann kaum ein Zweifel daran bestehen, daß auch im östlichen Transvaal und südlichen Mosambik sich z. T. Sprachkomplexe herausgebildet haben, wie sie auch von HEINE & KÖHLER (1981, S. 1—3) für Teile Ostafrikas angenommen wurden.[10] Was für die Sprache gilt, läßt sich auch auf Teile der übrigen Kultur übertragen. Deshalb kann man in vielen Fällen keine scharfen Grenzen zwischen benachbarten ethnischen Einheiten ziehen.[11]

4.2.2 Charakterisierung der politischen Einheiten

Die Karte erfaßt Teile von mehreren größeren afrikanischen Staaten, und zwar der Zulu, Swazi, Pedi und Gaza Nguni. Daneben schließt sie Gebiete ein, die der südafrikanischen Republik unterstanden oder spätestens um 1894 von ihr unterworfen wurden, sowie die sich ebenfalls ausdehnenden portugiesischen Kolonialgebiete. Um 1865 gab es noch eine

---

[10] HEINE & KÖHLER berufen sich auf Modellvorstellungen, die bei HOCKETT (1960, S. 321—38) als L-complex beschrieben sind, entwickeln sie aber in bezug auf „Referenzsprachen" weiter.

[11] So stellt etwa MBANZE (ca. 1940, s. d. S. 8) fest: „Die Tswa und Tshopi ähneln sich in allem. Die Tsonga ähneln ihnen in den Heiratszeremonien." (Übersetzung G. LIESEGANG). Bei einer reinen Sprachklassifizierung würde man die Verwandtschaft anders sehen.

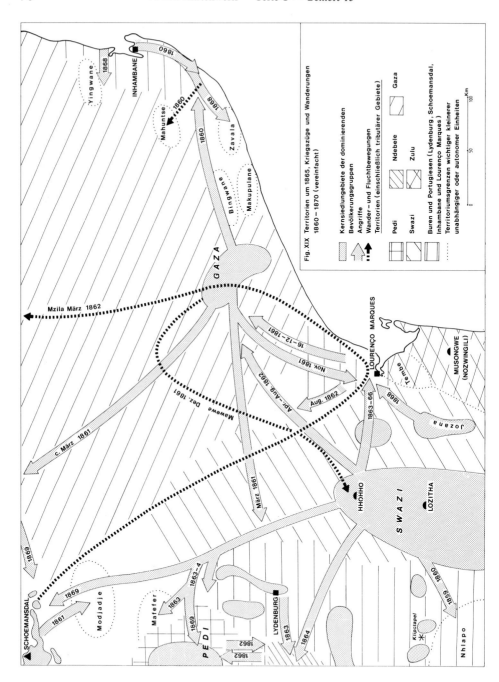

Karte 2　　Territorien um 1865, Kriegszüge 1860—1870 (vereinfacht)

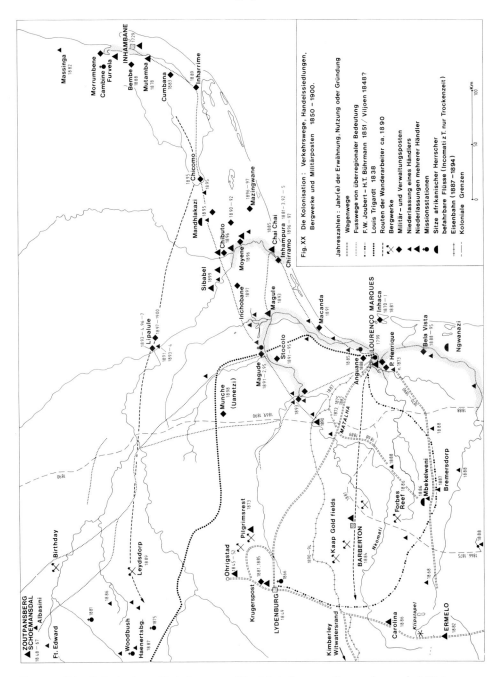

Fig. XX Die Kolonisation : Verkehrswege, Handelssiedlungen,
Bergwerke und Militärposten 1850 – 1900.

Jahreszahlen : Jahr(e) der Erwähnung, Nutzung oder Gründung

········· Wagenwege
·········· Fusswege von überregionaler Bedeutung
·–·–·– F.W. Joubert – H.T. Bührmann 1851/ Viljoen 1848?
·–·–·– Louis Trigardt 1838
········· Routen der Wanderarbeiter ca. 1890
◆ Bergwerke
◆ Militär– und Verwaltungsposten
◣ Niederlassung eines Händlers
◣ Niederlassungen mehrerer Händler
◖ Missionsstationen
◣ Sitze afrikanischer Herrscher
befahrbare Flüsse (Incomati z.T. nur Trockenzeit)
┼┼┼ Eisenbahn (1887–1894)
–––– Koloniale Grenzen

Karte 3 Die Kolonisation: Verkehrswege, Handelssiedlungen, Bergwerke und Militärposten
1850—1900

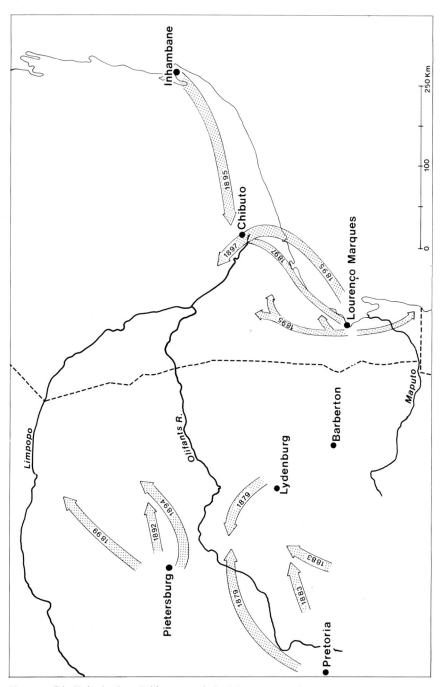

Karte 4   Die Kolonisation: Feldzüge zur kolonialen Unterwerfung 1879—1899

Reihe kleinerer politischer Einheiten, die sowohl von den europäischen Kolonialmächten als auch den größeren afrikanischen Staaten weitgehend unabhängig waren. Auch sie waren sozial geschichtet. Das Oberhaupt und seine nahen Verwandten hatten gewisse Vorrechte und Anrecht auf Abgaben, politische Kontrolle etc. In den größeren Staaten kam zu der sozialen Schichtung noch eine ethnische Schichtung hinzu, die auch in den Kolonialgebieten sehr deutlich war. Die kleineren Staaten hatten nur wenige tausend Angehörige, während die größeren (so etwa Gaza und Zululand) sicher mehr als hunderttausend zählten und die der Pedi und Swazi wohl nur knapp darunter blieben.

Diese Staaten und auch die Kolonialgebiete des 19. Jhs. waren nicht bürokratisch durchorganisiert, sondern eher wie mittelalterliche Monarchien strukturiert. Politische Gemeinschaften, die weit entfernt vom Regierungssitz lebten, konnten sich daher weitgehend politischer Kontrolle entziehen. In einer solchen Struktur konnten auch unterschiedliche ethnische Gruppen integriert sein. Die Staaten der Gaza Nguni, Zulu, Pedi und wohl auch Swazi waren daher keine ethnischen Einheiten. Auch die kleineren Staaten waren keine ethnischen Einheiten, sondern teilten ihre Kultur mit benachbarten politischen Einheiten. Sie waren auch nicht wirtschaftlich autark, weil etwa Eisen und andere Metalle, Salz und im 19. Jh. verstärkt auch Textilien sowie Schmuckartikel und Waffen von außerhalb eingeführt wurden. (Eisen und Kupfer konnten nur an einigen Punkten in größerem Stile gewonnen werden.)

In diesen Staaten gab es auch typische Konfliktsituationen. Bei der Erbfolge kam es häufig zu Auseinandersetzungen. Mit der kolonialen Herrschaft trat ein neuer Machtfaktor auf, der auch dort die innere Struktur der politischen Einheiten berührte, wo sie anscheinend gleich blieb.

Karte 3 zeigt die ungefähre Abgrenzung der wichtigsten politischen Territorien um 1865. Dies war ein Jahr nach der Wiedereingliederung der Republik Lydenburg in die Südafrikanische Republik. Pedi und Ndebele sowie Modjadje betonten ihre Unabhängigkeit. Der Staat der Swazi hatte im Todesjahr Mswatis seine größte Ausdehnung erreicht. Die Macht der Portugiesen in Lourenço Marques begann schon wieder zu schrumpfen (weitere Details vgl. eng. Zusammenfassung).

4.3 Die ethnischen Einheiten

4.3.1 Die Buschmänner (Khwegwi)

Die Buschmänner am Lake Chrissie zählten 1955 nach POTGIETER (S. 7 und Klapptafel) nur noch wenige Individuen. Einhundert Jahre früher dürfte ihre Zahl kaum einige hundert überschritten haben. Ihr damaliges Wohn- und Jagdgebiet läßt sich nur grob umreißen. Nach KÖHLER (1975, S. 318) sind sie ,Südbuschmänner', d. h. sie gehören zur Gruppe, die über Teile von Lesotho, Natal und das Bergland südwestlich von Lesotho verbreitet war und dort erst im 19. Jh. ausstarb. Basierend auf Angaben des Missionars H. Filter in LEBZELTER (1934, S. 102) schloß KÖHLER auf eine Einwanderung in das Gebiet um Lake Chrissie erst um 1880. Filters Bericht scheint sich jedoch auf Wanderungen zu beziehen, welche die Buschmänner unternahmen, als ihr Lebensraum durch die europäische Okkupation schrumpfte. Daß auch die Swazi längere Zeit mit Khwegwi Kontakt hatten, ist wahrscheinlich. Bereits aus den 60er Jahren gibt es mindestens zwei Angaben, der König der Swazi hätte Buschmannkinder verkauft[12], sowie eine aus dem Jahre 1861, sie wären von Buren aus Lydenburg als Viehräuber angegriffen worden.[13] Man darf wohl vermuten, daß das Gebiet am Lake Chrissie zumindest bereits seit einigen Jahrhunderten zum Schweifgebiet der Buschmänner gehört hatte. Es ist auch anzunehmen, daß diese Gruppen bereits seit einiger Zeit mit benachbarten Bantu in Kontakt standen. Darauf deuten Angaben über Zwischenheiraten zwischen Buschmann- und Bantugruppen in den Traditionen der Maziya, einer Gruppe, die im 19. Jh. im östlichen Swaziland ansässig war (briefliche Mitteilung a. M. Dlamini v. 23. 6. 1971).[14] Nach etwa 1862 wurde ihr Territorium in Farmen verwandelt und um 1867—1870 das Wild stark dezimiert. Die überlebenden Buschleute wurden Farmarbeiter.

4.3.2 Die Nguni

Bei den Nguni handelt es sich um die zahlenmäßig stärkste Sprachgruppe Südafrikas. Sie reicht im Süden bis in die heutige Kap-Provinz. Die Sprache weist Spuren von Kontakten mit Khoisan-Völkern auf. Im Nordwesten ihres Verbreitungsgebiets, der vom Kartenblatt erfaßt wird, reichte diese Sprachgruppe nördlich des Vaal ziemlich weit auf das Hochland. Möglicherweise bestand hier ein geschlossenes Siedlungsgebiet, das erst durch die Kriege um 1815—1840 zerrissen wurde. Die Ndebele nördlich Belfast konnten sich in ihrer Heimat halten, jedoch wurde das Gebiet zwischen ihnen und den Swazi (Swati) und Zulu ziemlich entvölkert und erst nach 1860 wieder dichter besiedelt.[15]

Die Nhlapo sind nach einer Quelle eine Gruppe, die weiter unterhalb am Vaal gewohnt hatte und dann Schutz bei den Zulu suchte. Aus diesem Grund sind sie hier als besondere Gruppe aufgeführt.

Zulu, Swazi und Gaza Nguni bildeten im 19. Jh. größere Königreiche. Das eigentliche Siedlungsgebiet der Zulu ist hier nur am Rande erfaßt, ihr politischer Einfluß ging jedoch bis in die Gebiete von Tembe und Maputyu am Südufer der Delagoa Bay. Der Sitz des Swazi-Königs wurde im 19. Jh. etwas nach Norden verlegt. Die ethnischen oder sprachlichen Verschiebungen dürften jedoch geringer gewesen sein als von manchen Autoren angenommen. Einen Anhaltspunkt dafür gibt die Auswertung niederländischer Berichte über Delagoa Bay aus dem Jahre 1730. Nach ihnen darf man wohl annehmen, daß das Land südwestlich der Delagoa Bay in den Lebombos und die Gebiete am Maputo-(Usutu-)Fluß westlich des heutigen Catuane in der Hand der Nguni waren, die damals an der Delagoa Bay als „Batwa" bekannt waren.[16]

---

[12] LL, I, Ink. St., Komati, 1. 2. 1863, J. J. H. Steyn an C. Potgieter über eine Gruppe, die mit elf kleinen Buschmännern von der Eland-Jagd zurückkam.

[13] LL, I, Ink. St. 10. 3. 1861, J. van Wijk an C. Potgieter.

[14] Zitiert in LIESEGANG (1984, S. B 80).

[15] Es gibt einzelne Anzeichen, daß es nicht ganz siedlungsleer war.

[16] Den Haag, K. A. 12205, Bericht von J. v. de Capelle, 2. 5. 1730, auch in Cape Town, C. 442, Ink. Br. 1729—1730, S. 837. Die holländische Schreibweise war „baatwa".

Die Gaza Nguni waren die dominierende Schicht des Gaza Staates, stellten aber ethnisch gesehen nur eine Minderheit dar. Ein großer Teil von ihnen hatte dem Ndwandwe Staat angehört und sprach einen Dialekt, der sich etwas vom heutigen Zulu unterschied.

Weitere zusätzliche Quellenangaben finden sich in den folgenden Abschnitten.

4.3.2.1 Die Transvaal Ndebele

Eine Gruppe der Transvaal Ndebele wird im Kartenblatt noch teilweise erfaßt. Da diese Gruppe um 1860 und 1883 in Kriege mit den Buren verwickelt war, ist sie häufig (als „Mapocher" in südafrikanischen Quellen erwähnt. Nach dem verlorenen Krieg 1883 wurden sie teilweise aus ihrem Kernland vertrieben. Angaben über sie finden sich u. a. in VAN WARMELO (1930, S. 10), VAN ROOYEN (1951, S. 214—225) und MERENSKY (1899, S. 22—23, 50—57, 133—137). Die Angaben über ihre Verbreitung stützen sich u. a. auf die Karte von JEPPE & MERENSKY (1868) und die Angaben von MYBURGH (1956). Einer der archäologischen Fundpunkte, T 67, ist die 1883 zerstörte Siedlung ihres Oberhaupts Niabel, eines Sohns von Mapoch.

4.3.2.2 Die Nhlapo

Die Nhlapo waren in zwei Gruppen gespalten. Eine war aufgrund eines Erbfolgestreits 1859—60 nach einigen Wanderungen schließlich im heutigen Lesotho ansässig geworden. Die andere lebte in den 50er Jahren dieses Jahrhunderts in den Distrikten Ermelo, Carolina und wahrscheinlich auch Middelburg (MYBURGH 1956, S. 87 und Karte). H. T. BÜHRMANN, der sich nach längerem Aufenthalt in Lydenburg 1863 in ihrem ehemaligen Gebiet niederließ, machte 1865 einige wertvolle Angaben über ihre Geschichte. Nach ihm wohnten sie vor 1839—1840 an den „Roode Koppen" östlich von Heidelberg nördlich des Vaal und flüchteten dann in ihr späteres Wohngebiet. Zur Bevölkerung sollen auch Zulu und Mischlinge aus Nguni und Buschmännern gehört haben.[17] MERENSKY (1899, S. 5—6) beobachtete 1860 Spuren des Erbfolgekrieges, in den die Swazi eingriffen. 1870 wohnte das Oberhaupt uGama auf der Farm Rietvallei südöstlich von Ermelo nahe dem heutigen Ort Sheepmoor (W 3, Soutterversameling, Kommissionssitzungsprotokoll vom 24. 2. 1870).

4.3.2.3 Die Swazi (Swati)

Der Staat der Swazi war ethnisch relativ homogen. Seine vorkoloniale Geschichte und politische Struktur sind durch die akademischen Arbeiten von KUPER (1947 a) und BONNER (1977) in wesentlichen Zügen dargestellt worden. Die Geschichte von MATSEBULA 1976 fügt einige wichtige Details hinzu. Die Arbeiten von MYBURGH (1949, 1956) ergänzen ei-

---

[17] SS 71, R. 1237/65, 23. 11. 1865, H. T. Bührmann an Volksrat. Die Ausführungen von NHLAPO (1945, S. 99—100) unterscheiden sich etwas in bezug auf die Herkunft und sind vielleicht irreführend. Die „roode Koppen" sind nach den Karten von JEPPE & MERENSKY (1868) und CACHET (1883) identifiziert. Über die Lage der Häuptlingsresidenzen berichtet auch MYBURGH (1956, S. 141).

nige regionalgeschichtliche Aspekte, die von den erstgenannten Autoren leider etwas vernachlässigt werden und die für das Innere von Swaziland und den Distrikt Ermelo bisher nicht so gut herausgearbeitet wurden, obwohl eine Reihe von Quellen zur Verfügung stehen. In einer historischen Geographie der Swazi-Monarchie könnten viel mehr Angaben über in bestimmten Klanen erbliche Häuptlingstümer wie die der Maziya und Mahlalela und die direkt vom Königshaus verwalteten Gebiete vorgelegt werden, als auf dieser Karte gezeigt wurden. Nachkommen von früheren Swazi-Königen, die sogenannten Nkosi Dlamini, verwalteten große Teile des Landes (van Warmelo 1935, S. 83—84, Kuper 1952, S. 59—81).

Der Sitz des Königs bewegte sich im 19. Jh., dem Druck der Zulu ausweichend, nach Norden. Zwischen 1835 und 1840 lag die Königsresidenz noch südlich des durch die Karte erfaßten Gebiets (Gardiner 1836, S. 167, Arbousset & Daumas 1846, S. 164—165). Um 1851 scheint sie südlich des Nkomati, etwa zwischen dem heutigen Manzini und Mbabane gelegen zu haben.[18] Um 1860 residierte der König Mswati (ca. 1839—1865) bereits nördlich des Nkomati in Hhohho (Merensky 1899, S. 10—16). Nach Mswatis Tod 1865 wurde der Wohnsitz der Könige wieder in das Gebiet zwischen Manzini und Mbabane zurückverlegt und blieb seitdem dort.

Die Grenzen des von Swazi besiedelten Gebiets reichten schon um 1865 teilweise über die heutigen Grenzen hinaus und im einzelnen schwer durchschaubare Gebietsabtretungen, die zum heutigen Grenzverlauf führten, beeinflußten schon um 1881 das Leben der Grenzbevölkerungen. Die Anwesenheit von Europäern, die schon vor 1875 als Jäger, Händler, Schafzüchter und Konzessionssucher und später auch als Bergwerksunternehmer ins Land gekommen waren, aber außerhalb der Jurisdiktion des Swazi-Königs standen, führte zu einer Aushöhlung der Macht der Könige.

Die Swazi nahmen selbst politische Flüchtlinge aus Zululand und 1862 auch aus dem Gaza-Reich im südlichen Mosambik auf (insbesondere die Mkatshwa), verloren andererseits auch einige Flüchtlinge insbesondere bei Nachfolgestreitigkeiten. Diese flohen zu den Pedi oder ließen sich ötlich von Ohrigstad und Lydenburg nieder.[19]

Innerhalb des Swazi-Staates wurden auch mehrere Nguni-Dialekte gesprochen. Die im 19. Jh. fest inkorporierten Gruppen glichen sich z. T. erst nach und nach an das heute dominierende siSwati an (siehe ein Beispiel bei Bonner 1978, S. 222).

4.3.2.4 Die Zulu

Zulu sind an zwei Stellen des Kartengebiets, und zwar am Südrande westlich und östlich Swasilands angegeben. Die Quellen sind relativ schwach. Im Farmengebiet westlich von

---

[18] W. 73, Bd. 7. H. T. Bührmanns Aufzeichnungen von der auf der Fahrt nach Lourenço Marques 1851 eingeschlagenen Route, die auf der Wasserscheide zwischen Umbuluzi und Usutu verlief, zeigen, daß der König nicht weit vom heutigen Manzini lebte (vgl. Eintragung vom 27. 5. 1851). Die Jahreszahlen auf der Karte in Fair et al. (1969, S. 22) sind z. T. falsch. Nach Matsebula (1976, S. 38) lag Mswatis erster Regierungssitz beim heutigen Luyengo.
[19] Matsebula (1965, S. 37); Raddatz (1886 a, Karte).

Swasiland gab es Arbeiterfamilien unterschiedlicher Herkunft. Ein Vertreter des britischen Okkupationsregimes im New Scotland Distrikt charakterisierte die ethnische Zugehörigkeit der afrikanischen Bevölkerung 1880 folgendermaßen: „Renegade Swazies, Zulus, Basutos & Bushmen".[20] Östlich von Swasiland reicht das von Tsonga bewohnte Gebiet noch in das heutige Südafrika hinein. Die Zulu sind hier eigentlich nur eine Minderheit, deren Präsenz heute durch Klannamen der Zulu in der Bevölkerung bezeugt ist. Ihre politische Oberherrschaft im Gebiet südlich der Delagoa Bay ist zwischen 1825 und 1879 durch mehrere Quellen bezeugt und dies verschaffte vermutlich auch ihrer Sprache Eingang. In der Kolonialzeit (d. h. zumindest in den 50er und 60er Jahren) galt Zulu als die Sprache der Männer und Ronga als die der Frauen. Diese komplexe Situation soll durch die Angabe von Zulu gekennzeichnet werden.

4.3.2.5 Gaza Nguni

Die Gaza Nguni waren als Oberschicht des Gaza Reiches nahe der Residenz des Königs und im Limpopo-Tal konzentriert. Selbst im Gebiet um die Hauptstadt, wo auch viele teilweise assimilierte Shonga und Tsonga (Ndau und Mabulundlela) wohnten, waren sie nur eine Minorität. Im ganzen Reichsgebiet dürften sie nur einige Tausend gezählt haben. Die Angaben auf der Karte erfolgten sparsam, um ihre Präsenz auch an Punkten anzudeuten, die nicht als Endpunkte von Bevölkerungsbewegungen klar als Siedlungsgebiete erkennbar waren. (Eine andere Möglichkeit wäre gewesen, die Signaturen für die Angaben von Minoritäten zu verkleinern und sie über das Siedlungsgebiet mehr zu verstreuen. Aber dann hätte es auch mehr optische Konkurrenz bei den Punktsymbolen gegeben.)

Mehrere Namensangaben, und zwar Dlambuye, Gidja (vor und nach 1897), Ngungunyane, Gomogomo, Nwanjobo und Tshwahibe nennen die Wohnsitze einiger bekannter Nguni. Ngungunyane war der Name des Königs (1885—1895, gest. 1906); die übrigen hatten regionale Verwaltungsaufgaben. Ihre Existenz wurde aber durch Erkundigungen im Felde bestätigt; viele sind genauer bei Costa (1899, S. 75—77) identifiziert. Es sind noch einige weitere Namen überliefert, jedoch reicht es nicht aus, um ein ganz lückenloses Bild des Verwaltungssystems zu zeichnen (Liesegang 1981, S. 189—196).

Ferner ist noch zu erwähnen, daß die Gruppe unter Hanyane aufgrund des verlorenen Erbfolgekriegs 1861 das Limpopo-Tal verlassen hatte und erst 1887 wegen der Aktivität des Steuereinnehmers Abel Erasmus (aus Krugerspost) von einem Gebiet an der Nordgrenze Swasilands nach Mosambik gezogen war. Sie ist nördlich von Nwamba (Moamba) eingetragen (vgl. dazu u. a. Myburgh 1949, S. 79—80; Liesegang 1984, S. B 53).

4.3.3 Die Sotho

Die Sotho-Tswana stellen eine Gruppe dar, die insbesondere über die Hochlandgebiete Südafrikas sowie Lessotho und Botswana verbreitet ist. Das Kartengebiet umfaßt den

---

[20] SN 4 A, M. Barlow, Elandsspruit 31. 5. 1880: „Return of Native Hut Tax . . . collected in N. Scotland District: Name of Tribe.:"

nordöstlichen Teil ihres Verbreitungsgebiets. Sie gehören nicht einer einzigen, sondern nach der Übersicht von VAN WYK (1969, S. 174—179) vier verschiedenen Dialektgruppen an. Dies deutet auf eine recht komplexe genetische Geschichte. Auf der Karte wurden lediglich zwei geographische Gruppen unterschieden und die weitere Untergliederung dann nach politischen (insbesondere auf dem Hochland und im Gebiet der Lovedu)[21] regionalen (Phalaborwa) oder „ethnischen" Gesichtspunkten (Mbai und Pulana). Die Pedi stellten vielleicht in gewisser Weise sogar noch eine multiethnische Einheit dar, weil sich unterschiedliche Sothogruppen (u. a. Roka) zu ihnen geflüchtet hatten. Auch einige geflohene Swazi siedelten in ihrem Gebiet.

In zeitgenössischen Dokumenten ist der Name der Mbai, der Venda (als sich auch auf das Gebiet der Sotho erstreckend) und der Phalaborwa schon im 18. Jh. überliefert. Die übrigen sind erst seit 1837 oder 1845 in zeitgenössischer Dokumentation nachweisbar.

Der Bearbeitungsstand ist noch nicht zufriedenstellend. Detaillierte Erläuterungen zu den einzelnen Gruppen finden sich in LIESEGANG (1984, S. B 88—98, C 23—38).

4.3.4 Venda und Lembetu

Die Namen der Venda und Pedi lassen sich wortgeschichtlich auf dasselbe Wort zurückführen (BOTHMA 1969). Dies deutet auf Bedeutungsverschiebungen, vermutlich auch aufgrund der politischen Geschichte dieses Raumes. Für die Niederländer in Delagoa Bay 1721—1730 und auch 1860 noch für NEVES (1878, S. 92, 98, 105) war das gleiche Wort, welches *Beessa* oder *Beja* geschrieben wurde, eine Bezeichnung für den nord-östlichen Transvaal, der von Sotho und Venda bewohnt wurde. Es ist möglich, daß dieser Raum einmal zu einer einzigen politischen Einheit gehörte. In mündlichen Traditionen ist in der Mitte des 18. Jhs. ein größerer Venda-Staat faßbar, zu dem neben den eigentlichen Venda auch wohl die Lovedu gehörten. In der zweiten Hälfte des 19. Jhs. war dies schon entfernte Vergangenheit und die südlichen Venda waren um 1860—1870 politisch selbständig. Vier dieser politischen Einheiten (Mashau, Masia, Tshivhulane und Mangoro) sind auf der Karte angezeigt. Zwei (Muila und Tswale) hätten vermutlich noch angegeben werden müssen, jedoch bestanden hier z. T. Informationslücken (LIESEGANG 1984, S. C 39—40).

Ethnisch wurden die Venda aufgrund ihrer dynastischen Geschichte häufig zu den Shona gerechnet, ihre Sprache weist jedoch keine sehr große Nähe zum Shona auf. Die hier erfaßten Venda sind sprachlich z. T. an die Sotho assimiliert.

Eine deutlichere sprachliche Verwandtschaft mit Gruppen nördlich des Limpopo bestand möglicherweise bei den Lembetu oder Thovolo von Shilowa und Matshete, die um 1880—1890 belegt sind (RADDATZ 1886b, Bericht von BERTHOUD in BULLETIN MISSIONAIRE, V, 1884—1885, S. 11, Bericht vom 9. 11. 1883; Karte BERTHOUD 1903).

---

[21] Bei der Abgrenzung der Gruppen im Gebiet der Lovedu wurde die Einteilung von KRIGE u. KRIGE 1943 (Karte: Position of Lovedu among N. Transvaal Tribes) übernommen.

4.3.5 Die Tsonga

Anders als die Venda können die Tsonga nicht auf die Tradition eines gemeinsamen Staatswesens zurückblicken. Vor Entstehen des Gaza-Staates und der Errichtung der Kolonialterritorien waren die Tsonga ebenso wie Tshopi und Tonga in eine Vielzahl kleinerer Staaten zersplittert, die nach den Gründern oder dominierenden Klanen benannt waren. (Viele von ihnen sind auf der Karte angegeben.)

Die Tsonga grenzen im Süden an die Zulu, im Westen an die Swazi, mehrere Sothogruppen und die Venda, im Osten an die Tshopi, Tonga und Ronga von Inhambane. Es lassen sich mehrere Dialektgruppen unterscheiden, die jedoch einem gewissen Wandel unterworfen sind. Möglicherweise wirkte die Tshangana, ein zentraler Tsongadialekt, seit 1900 als Referenzsprache, an die sich Teile der Lenge und Nwanati (die Bevölkerung der heutigen Distrikte Manjacaze und Chibuto) und möglicherweise auch andere Gruppen assimilierten.

Vermutlich war das gesamte Küstengebiet von den Gebieten südlich der Delagoa Bay bis zur Mündung des Save im 17. Jh. ein Sprachkontinuum, das dann im 18. Jh. nördlich von Inhambane durch die Bila-Nkulu und Dzivi-Wanderungen unterbrochen wurde. Die Hlanganu standen mit den Khutswe, einer Sothogruppe, in engem Kontakt, wurden dann aber durch Bevölkerungsgruppen um 1860 und schließlich in Südafrika durch die Einwanderung der Gruppe unter Mpissane 1897 (*vgl. Kap. 4.4.4*) beeinflußt, so daß auch hier das Kontaktgebiet gestört wurde.

Die Tsonga wurden hier in vier Gruppen gegliedert: Ronga (Rjonga), Hlanganu, zentrale Tsonga (Tshangana) und Tswa. Es handelt sich dabei eher um regional-nationale Einheiten als um Dialektgruppen. Der Begriff Ronga ist schon 1730 überliefert, der Begriff Hlanganu als „Changano" einige Male um die Mitte des 19. Jhs., der Name Tshangana als Bezeichnung für die Einwohner des Gaza Staates seit Ende des 19. Jhs. und „Tswa" seit dem Zeitpunkt, als amerikanische Missionare in die Gegend von Cambine bei Morrumbene im Hinterland von Inhambane vorstießen (1885). Die Portugiesen hatten die Tswa immer generell in die Kategorie „Landins" eingeschlossen, die bei ihnen eine allgemeine Bezeichnung für die Tsonga war. Es wurden einige Gruppen nicht klassifiziert. Dazu gehören etwa die Hlengwe. Sie stehen den zentralen Tsonga oder Tshangana sprachlich nahe. Es ist jedoch nicht klar, ob sie sich auch als solche betrachteten. Innerhalb dieser vier Gruppen lassen sich noch Unterschiede sprachlicher Art feststellen.[22]

---

[22] Um Chibuto und Manjacaze wird der Name des ersten Gaza-Königs Manukuse, südlich des Limpopo Manikhosi ausgesprochen. Nördliche und südliche Ronga zeigen deutliche Unterschiede bei der Palatalisierung von Konsonanten und auch bei den Tswa soll es Unterschiede geben. Das heutige geläufige Tsonga von Transvaal unterscheidet sich im Vokabular und Aussprache ebenfalls etwas von Tshangana in Mosambik. Ein Vergleich der Karte S 10 mit der Karte S 15 zeigt auch, wie schwierig es war, Dialektwechsel zuverlässig zu erfassen. Beispielsweise war um 1970 im Gebiet um Chibuto-Manjacaze der Nwanati-Khambana-Dialekt, der wohl dem Tswa nahestand, weitgehend verschwunden und durch Tshangana-Formen ersetzt. Die Darstellung auf der Karte S 10 ist also möglicherweise etwas anachronistisch, ebenso aber auch die der Karte S 15, die einen späteren Zustand vorwegnimmt.

4.3.6   Die Tonga-Gruppe: Tonga und Ronga von Inhambane

Die Tonga von Inhambane sind zweifellos eine schon seit langem in der Nachbarschaft
der Bucht von Inhambane ansässige Bevölkerung. Zu Beginn des 18. Jhs. waren sie politisch in mindestens elf Häuptlingstümer gespalten, von denen drei im 17. Jh. bezeugt sind.
Unter portugiesischer Herrschaft wurden sie schon im 18. Jh. weiter aufgesplittert. Für ihr
Überleben als ethnische Einheit sind möglicherweise die Portugiesen verantwortlich, die
während der Wanderungsperiode des 18. Jhs. als stabilisierender Faktor wirkten. Die aus-
führlichste Beschreibung der Sprache stammt von LANHAM (1955), H.-P. JUNOD (1936,
S. 45—46) gelangte aufgrund eines mit fehlerhafter Methodik gewonnen Schlusses zur
Auffassung, die Sprache der Tshopi und Tonga seien nahe verwandt. Dies widerspricht je-
doch der Meinung von Sprechern beider Sprachen und steht auch nicht im Einklang mit
Vergleichen des Grundvokabulars. Dennoch ist es wahrscheinlich, daß Tshopi und Tonga
Teil eines alten Dialektkontinuums sind.

Bei den Ronga von Inhambane handelt es sich um eine heute (1971) zweisprachige
Gruppe, die sowohl eine nicht mit dem Ronga von Maputo zu verwechselnde Sprache na-
mens *Ronga* als auch Tswa spricht. In den Quellen des 18. und 19 Jhs. heißen sie *burron-
gueiros* oder *berrongueiros* (bei JOHNSTON 1919, S. 280 *Ronguero*). Sie bewohnen ein Rückzugsgebiet, in dem es kein permanentes Oberflächenwasser gibt. Über sie wurden 1971
einige Erkundigungen in den Distrikten Morrumbene und Massinga eingezogen. Diese
bestätigten die schon aus Schriftquellen gewonnene Anschauung, daß es sich hier um Reste der Bevölkerung handelt, die Anfang des 18. Jhs. zwischen Inhambane und Save ansässig war und dann durch die Wanderungen der Bila Nkulu (oder Vilankulu) ca. 1750 und
der Dzivi (1760—1770) abgedrängt oder z. T. assimiliert wurde.

4.3.7   Die Tshopi (Copi)

Es ist bisher nicht nachweisbar, daß die Tshopi vor dem 19. Jh. als Einheit betrachtet wur-
den. Die Auffassung SMITHS (1973, S. 568), daß die von Bernardo de Castro Soares 1729
„Macomates" genannten Gruppen den späteren Tshopi entsprechen, hält der Überprüfung
nicht stand. Bei den Macomates handelte es sich nämlich um überwiegend in der Nähe des
Limpopo lebende Gruppen, die dort als Vorfahren der Tsonga betrachtet werden müssen.
Soares nahm allerdings an, daß ein Teil des später als Gebiet der Tshopi anzusehenden
Gebietes zwischen den Häuptlingstümern Guamba und Mamuça (Nwamusa) eine Misch-
bevölkerung hatte, und zwar sei es teils von „Botongas", also Tonga von Inhambane, teils
von „Macomates" bewohnt gewesen. Castro Soares erwähnte jedoch auch das „äußerst
fruchtbare Gebiet von Dongue" in dem man Rindenbaststoffe herstelle.[23] Das Gebiet von
Ndonge ist eines der Kerngebiete der Tshopi und der Name ndonge ist auch in der Bezeichnung „mindongues" enthalten, welche die Portugiesen zwischen etwa 1820 und 1870
zur Bezeichnung der Tshopi verwandten (siehe etwa Liste bei PINTO 1840, S. 274). Es ist

---

[23] AHU, DAP, J. de Saldanha Gama an König, Goa 2. 1. 1730, darin undatierte „Cópia da informa-
ção, que faz o capitam e feitor da viagem de Inhambane Bernardo de Castro Soares..")

möglich, daß die Völkerbewegungen des 18. Jhs. zu einer Isolierung der Tshopi führten und ihnen deshalb ein gemeinsamer Name gegeben wurde. H. P. Junod hat 1927 darauf hingewiesen, daß sich nach der mündlichen Tradition die Häuptlingsklane der Tshopi in drei verschiedene Gruppen mit unterschiedlichen Ursprüngen zusammenfassen lassen. Diese Traditionen dürften einen gewissen historischen Kern haben.

Die Bezeichnung Tshopi ist nach allgemein akzeptierter Meinung (um 1830?) von den Nguni eingeführt worden, und zwar soll sie von ukutshopa (mit Pfeil und Bogen schießen) abgeleitet sein, weil der Bogen die Hauptwaffe der Tshopi gewesen sei.

Eine der politischen Einheiten der Tshopi, die Gwamba, wurden schon 1560 erwähnt. Andere erscheinen in Berichten von Schiffbrüchigen des 17. Jhs. Einige der damals genannten Einheiten sind nicht identifizierbar, weil durch Einwanderung neuer Gruppen oder dynastische Veränderungen der herrschende Klan unterworfen oder vertrieben wurde. Trotz der Forschungen von Matos (1973) bestehen hier noch Lücken in der Dokumentation mündlicher Überlieferung.[24] Die Veränderungen sind daher nicht alle erklärbar. Während der Kriege des 19. Jhs. waren viele Tshopi Oberhäupter dem Chef der Khambana, Bingwane (ca. 1850—1889) oder dem der Makwakwa, Mahuntse (ca. 1845—1872), tributär. Auch die Portugiesen griffen ab etwa 1865 mehrfach in ihr Gebiet ein. In dieser Zeit sind auch mehrere, z. T. nur vorübergehende Spaltungen und Rebellionen belegt. Sie konnten nur z. T. berücksichtigt werden.[25]

4.3.8 Die Ndau

Unter dem Namen Ndau werden Sprecher mehrerer Shona-Dialekte zusammengefaßt, die im Gaza-Staat nördlich des Save gesprochen wurden. Im Süden des Reiches stellten sie nur eine ethnische Minderheit dar. Die Mehrzahl von ihnen war erst 1889 bei Verlegung der Königsresidenz nach Süden umgesiedelt worden (*Kap. 4.4.3*). Viele kehrten 1895—96 nach Zusammenbruch des Reiches wieder nach Norden zurück. Zahlreiche blieben aber auch im Süden und ihre Nachkommen in männlicher Linie lassen sich durch die Familiennamen identifizieren (vgl. Earthy 1933, S. 240). Sie sind heute (1969) ethnisch völlig in der Tsonga-Bevölkerung aufgegangen.

---

[24] Z. B. erhielt das Arquivo Histórico de Moçambique 1981 in Inharrime Interviewdaten, aus denen hervorgeht, daß der im 16. und 17. Jh. mehrfach südlich des Inharrime erwähnte „Monhibene" nach Nyanombe nördlich dieses Flusses übersiedelte und dabei wohl den Namen wechselte.

[25] Beispielsweise war Gwambe geteilt. Einzelne Gruppen sind vielleicht übersehen worden, weil sie nicht genügend dokumentiert waren, oder wurden vergessen, wie der Mhindu benachbarte Gilundu (Xilundu).
Hier ist auch noch auf eine Fehlinterpretation im Beiheft zur Karte S 11 (Cech et al. 1982, S. 98, 123, 142) aufmerksam zu machen. Der dort erwähnte Zustrom zur Straße Chidenguele—Inharrime war nicht generell und hielt auch nicht an. Er war wohl eher Teil eines 15—25jährigen Migrationszyklus im Wanderfeldbau. Z. B. war 1971 das Gebiet der Kooperativen von Zavala schon seit mehreren Jahren verlassen. Erst 1981 wurden dort an einigen Stellen die Bäume erneut gerodet.

4.3.9 Die Europäer und Asiaten

Die Expansion der Buren (oder Afrikaner) wird unter *Kapitel 4.4* beschrieben. Sie waren zahlenmäßig eine Minderheit, nur schwach verstärkt durch die ebenfalls afrikaanssprechende Mischlings- und Hörigenbevölkerung, die als Orlams bekannt war. Einen Eindruck von den Bevölkerungszahlen gibt *Tabelle 1*.

Tabelle 1 Die europäische Bevölkerung der Distrikte Lydenburg und Zoutpansberg im März 1873 aufgeschlüsselt nach Veldkornetschaften.

Distrikt	Gemeinde (Wyk)	Männer	Frauen	Knaben	Mädchen	„Kaffers"
Lydenburg	Dorp[1]	40	43	61	66	66
	Krokodilrivier	66	72	137	142	116
	Ohrigstadrivier	26	29	37	40	21
	O. F. van Niekerk	57	55	140	94	5
	Steelpoortsrivier	75	57	84	73	38
Zoutpansberg	Rhenosterpoort[2]	54	58	100	117	2 686[3]
	Maraba's stad	32	27	45	53	?
	Spelonken	18	12	23	21	„viele"
		368	353	627	606	

Quelle: SS, Supplemente 1873, S. 351—352

[1] Umfaßt nicht nur den Ort Lydenburg, sondern auch die umliegenden Farmen. [2] Rhenosterpoort mit dem Sitz Fort Klipdam lag südlich des 1867 verlassenen Schoemansdal. Die Verwaltung des Distrikts war in Maraba's stad. [3] Dies scheint der einzige Versuch gewesen zu sein, die auf den Farmen lebende und Steuern zahlende Bevölkerung zu erfassen. In Lydenburg wurden vielleicht nur registriertes anwesendes Dienstpersonal erfaßt. JEPPE (1868, S. 10) schätzte die auf den Farmen Lydenburgs wohnende Bevölkerung auf 3000—4000 Afrikaner und die unabhängige auf etwa 60 000, davon 50 000 Pedi und 10 000 Ndebele. Schätzungen aus dem Jahr 1879 nennen 75 000 Pedi (vgl. VAN ROOYEN 1951, S. 233, SMITH 1969, S. 239).

Tabelle 2 Das Wachstum der registrierten Bevölkerung von Lourenço Marques (Maputo)

Jahr	Europäer	Asiaten	Mischlinge	Afrikaner	Insgesamt
1863	84	47	?	930	1 061
1898	2 362	981	?	1 767	5 130
1900	3 319	1 299	?	1 752	6 370
1904	4 691	1 690	150	3 318	9 849

Quelle: Relatórios da associação comercial de Lourenço Marques; Annaes do Conselho Ultramarino, parte não official, 5, 1964, S. 58—59.

Die Zahl der Portugiesen, die im Kartengebiet ansässig waren, war geringer. 1878 zählte man in Lourenço Marques beispielsweise insgesamt 458 Europäer, Asiaten und Mulatten (CASTILHO 1881, S. 30—31). Erst mit dem Wachstum des Hafenumschlags von Lourenço Marques und der Eröffnung der Eisenbahnlinie nach Transvaal (stückweise

1887—1895) wuchs auch dort die Bevölkerung. *Tabelle 2* nennt einige Zahlen. Die Bevölkerung von Inhambane war geringer, weil sich hier kein so großer Dienstleistungssektor entwickelte.

4.4 Wanderbewegungen 1840—1898

Folgende Bevölkerungsbewegungen aus der Zeit 1840—1898 sind aufgeführt worden:

1. Die Einwanderung der Buren im Gebiet um Andries-Ohrigstad nördlich von Lydenburg im Jahre 1845.
2. Die Einwanderung der Nkuna und anderer Tsongagruppen in das heutige Transvaal um 1840—1842. (Vermutlich führte der Bürgerkrieg im Gaza-Reich 1859—1864 noch zu weiteren Bewegungen.)
3. Die Einwanderung von Gaza Nguni und Ndau in das Limpopo-Tal und seine Nachbargebiete anläßlich der Verlegung der Königs-Residenz des Gaza-Nguni-Reichs im Jahre 1889.
4. Die Flucht der Teilnehmer des Aufstands von 1897 und ihrer Familienangehörigen in den Transvaal.

4.4.1 Die Buren

Die Buren, die sich schon einige Jahre vorher im südwestlichen Transvaal um Potchefstroom niedergelassen hatten und denen kurz zuvor durch die Besetzung von Port Natal (Durban) durch die Briten ein von den Briten unabhängiger Zugang zum Meer entrissen worden war, hatten sich das Gebiet um Andries-Ohrigstadt wegen seiner Nähe zu Lourenço Marques (heute Maputo) ausgesucht. Die landschaftliche Ähnlichkeit mit gewissen Farmgebieten der Kap-Provinz mag auch eine Rolle gespielt haben. 1844 nahm eine größere Anzahl von Buren an einem Erkundungszug teil, der sie bis nach Lourenço Marques führte (Jackson-Haight 1967, S. 315—316). Im folgenden Jahr wanderten zwei Gruppen von Buren hier ein. Eine kam aus dem heutigen Potchefstroom, die andere aus Natal. Die aus Potchefstroom stammende Gruppe unter der Führung von A. H. Potgieter zog 1848 weiter in den Zoutpansberg. Der Grund war wohl neben wirtschaftlichen Erwägungen, daß die Nataler ihren politischen Führungsanspruch in Frage stellten (vgl. Bonner 1978). Die verbliebene Gruppe zog 1850 nach Lydenburg (van der Merwe 1941), wo weniger Gefahr der Ansteckung mit Malaria bestand. Von Lydenburg aus expandierte die Besiedlung nach Südwesten, Osten und Südosten (Ermelo). Ab Anfang der 70er Jahre ist die Siedlungsexpansion mit dem Bergbau verbunden. Eine gewisse Bodenspekulation begleitete schon die erste Expansion der Buren, von denen fast jeder mehrere Farmen absteckte, um die Anrechte zu verkaufen. Diese Spekulation wuchs in späteren Jahren an, teilweise unter Beteiligung britischen Handelskapitals, und führte dazu, daß ein großer Teil von Transvaal aufgeteilt war, bevor er besiedelt wurde. Eine Reihe von Reservationen wurden später mühsam wieder aus den Farmen herausgeschnitten. Um die Bodenspekulation und britische Auflagen bezüglich der Schaffung von Reservationen zu umgehen, forderte die Regierung landlose weiße Siedler 1886 auf, die Gegend um das spätere Tzaneen zu besetzen. Dies geschah 1887 und aus diesem Grund sind im Gebiet um Tzaneen einige weiße Farmgebiete eingezeichnet.

Einige der nach 1870 im Raum des Kartenblatts lebenden Europäer waren transhumanente Schaffarmer, die bis nach Swasiland zogen. Diese Weidegebiete sind nicht erfaßt.

4.4.2   Die Nkuna

Über die Wanderungen der Nkuna berichten u. a. SHILUBANA und NTSANWISI (1958, S. 24—28). Aus ihrer Darstellung, bei der allerdings einige Jahreszahlen korrigiert werden müssen, geht hervor, daß die Nkuna flohen, nachdem Sotshangane (Manukuse) von seiner Expedition in Gebiete nördlich des Save zurückgekehrt war und daß sie zunächst nach Südwesten auswichen, bevor sie zu Magakal und später zu Modjadje, der Königin der Lovedu, flohen. Es war übrigens nicht die einzige Ausweichbewegung zu dieser Zeit. Zur gleichen Zeit zogen sich auch Makwakwa unter Dindane und seinem Sohn Mahuntse aus der Gegend von Chibuto in die Zone zwischen Inharrime und Inhambane zurück. Sie bauten dort auch eine befestigte Siedlung, aus der sie nach längerer Belagerung im November 1860 von einer Allianz aus Gaza Nguni und Portugiesen aus Inhambane vertrieben wurden. Sie siedelten sich dann im Gebiet von Panda an, wo ihre Nachkommen 1981 noch lebten (*Karte 2*). Es ist möglich, daß diese Zone bereits vor 1840 im Einflußbereich der Nakwakwa war. Sie war es 1855 (RITA MONTANHA 1857, S. 320). Erkundigungen in Panda 1981 führten zu keiner Klärung.

Weitere Fluchtbewegungen von Tsonga nach Transvaal sind u. a. von H. A. JUNOD (1927, Bd. I, S. 28) belegt.

4.4.3   Gaza Nguni und Ndau 1889

Einzelheiten über diese Bewegung, die etwa 20 000 Personen binnen eines Jahres erfaßte, finden sich bei LIESEGANG (1968, S. 116—119).

4.4.4   Die Flucht der Teilnehmer am Mbuyiseni-Aufstand 1897

Nachdem dieser Aufstand am 21. 7. 1897 niedergeschlagen worden war, flüchteten eine Reihe von Teilnehmern mit ihren Familien in den Transvaal. Daß des noch im gleichen Jahre war, wurde Anfang 1970 von einem Überlebenden bestätigt.[26] Südafrikanische Verwaltungsakten aus der Zeit wurden nicht eingesehen. Es ist aber zu vermuten, daß sich die beiden Eingeborenenkommissare oder Vertreter von ihnen in Grenznähe aufhielten und auch Geschenke von den Flüchtlingen annahmen, denen sie die Niederlassung gestatteten. Möglicherweise berichteten sie auch darüber. Kurze Erwähnungen der Gruppen finden sich auch bei VAN WARMELO (1935) und portugiesischen Autoren (z. B. FERRÃO 1909). Sehr wahrscheinlich waren auch schon 1896 nach der Gefangennahme Ngungunyanes (Ende 1895) Familien nach Transvaal ausgewandert.

---

[26] Interview mit Xingala Makhamu im Beisein von Chief Kheto Nxumalo, Mirotso, Thulilamahashe, Bushbuckridge.

4.5 Grenzen

Die heutigen Staatsgrenzen wurden zwischen 1865 und 1891 im Gelände festgelegt. Später folgten lediglich kleinere Korrekturen. Die Grenzen Swazilands wurden 1865 (Westgrenze), 1881 (Nordgrenze) und 1888 (Ostgrenze) festgelegt. In allen Fällen blieben von Swazi bewohnte Gebiete jenseits der Grenze unberücksichtigt. Die Grenze zwischen Transvaal und Mosambik wurde 1890 entlang einer 1869 festgelegten Linie vermessen. 1891 folgte im Zuge britisch-portugiesischer Verhandlungen die Grenze zwischen Natal und Mosambik.

Neben diesen durch zweiseitige Vereinbarungen von Kolonialmächten festgelegten Grenzen gab es auch solche zwischen afrikanischen Staaten oder afrikanischen Staaten und den von den Kolonialmächten verwalteten Territorien. Diese Grenzen beruhten z. T. auf Eroberungen und hatten z. T. schon mehrere Jahrzehnte (oder auch länger) bestanden, wurden aber vom vordringenden kolonialen Imperialismus nicht oder nur zeitweilig anerkannt.

Die Grenzen zwischen den kleinen politischen Einheiten um Lourenço Marques beziehen sich auf die Periode 1880/1895 und beruhen weitgehend auf Angaben GRANDJEANS (1893, 1900). Es wurde lediglich eine Einheit (Mathutwene oder Mpanyele), die zu Maputyu gehörte, nicht übernommen. Sie bestand vermutlich eher als Rechtsanspruch in der Vorstellung der Informanten GRANDJEANS. Die Grenzen des Gaza-Staats sind schon weitgehend in der Legende datiert und beruhen auf mehreren Quellen. Die Grenze zu Transvaal paßte sich nach 1890 der Kolonialgrenze an. Um 1845—1850 wurde die Oberherrschaft des Gaza-Staats von den Lovedu und um 1869 noch in Phalaborwa anerkannt.

In Transvaal südlich des Olifant Rivier endete die Ära unabhängiger afrikanischer Staaten praktisch mit der Niederlage der Pedi im Kampf gegen die Briten und Swazi im Jahre 1879 (vgl. SMITH 1969). Die Oberherrschaft der Pedi scheint sich im Norden und Nordosten ihres Gebiets über ihr engeres Territorium hinaus ausgedehnt zu haben, jedoch geben die Quellen nicht allzuviel darüber her.

Nördlich des Olifant Rivier endete die Periode unabhängiger afrikanischer Staaten mit der letzten Widerstandsbewegung bei den Venda 1899. Die Venda lebten aber außerhalb des Gebiets der KS. Die Lovedu (innerhalb des Kartengebiets in Transvaal) mußten sich 1894 endgültig unterwerfen. In Mosambik verschwand Gaza, der letzte große afrikanische Staat im Süden des Landes, im Jahre 1895 als unabhängige Einheit.

4.6 Namen

Namensnennungen sind auf historischen Karten durchaus üblich und erleichtern die Lesbarkeit. Hier konnten sie außerdem zur Bezeichnung von politischen Einheiten eingesetzt werden, deren Grenzen nicht genau feststanden. Neben eigenen Aufnahmen wurden u. a. die Karten von GRANDJEAN 1900, CABRAL 1910, KRIGE & KRIGE 1943, MYBURGH 1949 und verschiedene Arbeiten von VAN WARMELO herangezogen.

4.7 Sonstige Angaben

Vermutlich sehr dünn besiedelte oder fast unbewohnte Gebiete wurden durch Streifung oder einen Grauton gekennzeichnet. Bei der Darstellung der siedlungsarmen Gebiete in

Mosambik ist auf Ergebnisse von G. RICHTER, Trier, zurückgegriffen worden, die im Rahmen des Kartenwerks erarbeitet und zur Verfügung gestellt wurden. Es stellte sich heraus, daß seine Angaben sich mit den lückenhafteren Angaben des 19. Jhs. (so dem Reisetagebuch von RITA MONTANHA 1856, dem Bericht von SERRANO 1894, und vielen weiteren Beschreibungen) decken. Von Menschen unbesiedelt waren in erster Linie niederschlagsarme Gebiete ohne Süßwasser an der Oberfläche, ferner Regionen, die Angriffen ausgesetzt waren. Diese bleiben allerdings nur so lange siedlungsfrei, wie Kriegsgefahr bestand. Um 1868 gab es zum Beispiel ein fast vier Tagereisen weites Gebiet zwischen den Swazi und Tshangana des Limpopo-Tales, das unbesiedelt war (ERSKINE 1869, S. 248). Um 1875—1885 kehrte die Bevölkerung zurück und deshalb ist diese Zone hier nicht besonders hervorgehoben. Auch zwischen den Swazi und Pedi bestand um Lydenburg eine solche Grenzmark, in der sich dann ab 1845 die Buren niederließen (vgl. dazu BONNER 1978, VAN DER MERWE 1941). Die archäologische Fundverteilung zeigt, daß in diesem Raum (insbesondere Lydenburg—Ohrigstad—Belfast) keine eisenzeitlichen Fundlücken bestehen. Vermutlich war dieser Raum also eine durch die Machtverteilung und Kriege geschaffene Grenzmark (vgl. dazu auch MASON 1968, EVERS 1982a und den Bericht von MERENSKY 1888, S. 357, daß ein Teil der um 1860 bei den Pedi wohnenden Koni früher südöstlich von Leydenburg ansässig gewesen waren).

5. Flächennutzung

Die Flächennutzung in der Mitte des 20. Jhs. wird auf anderen Blättern behandelt (so u. a. im Blatt und Beiheft S 11). Aus diesem Grunde sollen hier einige Notizen zur prähistorischen und historischen Flächennutzung zusammengefaßt werden, die sich aus der Fundverteilung und anderen Daten ergeben. Auch die mögliche Auswirkung der Flächennutzung und Bevölkerungsdichte auf die Strukturierung ethnischer Einheiten soll kurz skizziert werden.

Die Abwesenheit paläolithischer und präkeramischer Muschelhaufen an der Küste (vgl. Kap. 2.3) zeigt, daß ihre Präsenz wohl mit einer dichteren Besiedlung des Hinterlandes nach Einführung der Keramik und des Feldbaus zusammenhängt. Vermutlich war das angrenzende Küstengebiet vorher meist dicht bewaldet und weniger wildreich als die offenen Savannen weiter im Innern. Die Funde von Praia do Bilene (S. Martinho) aus dem LSA können auf Kontakte zum Innern deuten, die an anderen Plätzen möglicherweise fehlten.

Das Gebiet der gut beregneten roten Dünen im Küstengebiet scheint von den frühesten Feldbauern bevorzugt worden zu sein; auch im späten 19. und frühen 20. Jh. war es meist recht dicht besiedelt. Der Missionar H. A. JUNOD (1927, Bd. II, S. 5) schätzte, daß ein kleines Teilgebiet am Rande dieser Zone etwa 15—20 km nördl. des heutigen Maputo in der Nähe der Missionsstation Rikatla im Jahre 1880 eine Dichte von etwa 187 E./km² hatte. Er bezog vermutlich die Felder, wahrscheinlich aber nicht alle Weidegründe, Feuerholzquellen und später im Brandrodungsfeldbau benutzte Landreserven in die Berechnung ein. Das Beispiel zeigt jedoch, daß in manchen Gebieten eine erhebliche Verdichtung der Bevölkerung auch schon vor Einführung von kultivierten Fruchtbäumen — wie Kokospalmen — möglich war.

Daneben gab es jedoch auch ausgesprochen siedlungsleere Gebiete. Der mosambikani-
sche Trockenraum zwischen Limpopo und Save, der rezent weitgehend siedlungsleer war,
weist auch kaum archäologische Funde auf (Mitteilung P. Sinclair 1980). Dies deutet darauf hin, daß dieser Raum zumindest seit Bildung der heutigen Oberfläche nicht besser
nutzbar war als im 19. und frühen 20. Jh.

In dem Gebiet unterhalb der agronomischen Trockengrenze westlich der Lebombos
finden sich sowohl in Schriftquellen als auch in Form archäologischer Funde Hinweis auf
Siedlungen. Das Zusammentreffen von nutzbaren Ressourcen (Jagdwild, Bodenschätze,
Wasser — als Grundwasser, in Flüssen oder als Schichtquelle —, Anbaumöglichkeiten für
Hirse, Bananen etc.) mag eine Erklärung für diese Besiedlung bieten.

Auch die z. T. mit Dornbüschen bestandenen Savannen auf der Ostseite der Lebombos
waren nicht sehr dicht besiedelt.

Es ist zu vermuten, daß diese trockneren Räume, die dünner besiedelt waren, zur
sprachlichen (und damit auch kulturellen) Differenzierung der Bevölkerung beitrugen.
Nicht zufällig dürfte die ethnische Grenze zwischen Tsonga und Sotho weitgehend mit
dem Rand des Trockenraumes an der Randstufe zusammenfallen. Die früher wenig zahl-
reichen Tsonga-Gruppen konnten die Sotho dort kaum kulturell überfremden. Sotho-
Gruppen, die die trockneren Teile des Tieflandes durchquerten und sich inmitten der
Tsonga ansiedelten, wurden von diesen kulturell aufgesogen, wie sich aus der Auswertung
von mündlichen Überlieferungen ergibt.

Die Flußtäler in Süd-Mosambik sowie die Ebenen an Seen in der Küstenzone waren,
soweit dies im 16., 18. und 19. Jh. dokumentiert ist, offenbar weitgehend frei von Tsetse
und Tripanosomiasis und dienten der Rinderzucht (und z. T. auch dem Feldbau). Nur bei
einem Gebiet (Inhassune und Gebiete am Inharrime in der heutigen Provinz Inhambane)
bestehen Zweifel, ob es vor der Rinderpest von 1896 für die Viehzucht nutzbar war. Andere Gebiete der Tshopi, das Flußtal des Limpopo und das Gebiet um die Delagoa Bay
wurde jedoch nachgewiesenermaßen zur Rinderzucht genutzt. Es ist vielleicht kein Zufall,
daß die Residenz der Könige der Gaza Nguni dreimal in einem Gebiet errichtet wurde,
das für die Rinderzucht geeignet war (1825—1835, 1840—1862, 1889—1895). Nach Meinung von D. Beach (mündliche Mitteilung) könnten in diesen Fällen auch strategische Ge-
sichtspunkte mitgespielt haben. Insbesondere der 1889 gewählte Platz lag am Rande eines
dichter besiedelten Gebiets und die dünner besiedelte Zone könnte als Fluchtraum bei Angriffen willkommen gewesen sein.

In Swasiland zogen die Könige, die ebenfalls viele Rinder besaßen, Zonen am Rand des
Middleveld vor. Die in der Nähe der Randstufe und auf dem Highveld Transvaals lebenden Sothogruppen besaßen gleichfalls viel Großvieh. Dieses Gebiet war ebenfalls zum An-
bau von Körnerfrüchten (Sorghum, Ende des 19. Jhs. auch bereits viel Mais) geeignet.

Es ist möglich, daß das Hochland an der Westgrenze Swasilands für die von den um-
wohnenden Gruppen betriebene Kombination von Feldbau und Viehzucht wenig geeignet
war und deshalb Jägern und Sammlern überlassen blieb. Es wurde praktisch zu einem
Rückzugsgebiet, war jedoch nutzbar für die von einigen Burenfamilien betriebene trans-
humante Viehzucht.

Konflikte, die auf Konkurrenz in der Nutzung von Ressourcen zurückgehen, sind z. T.
in machtpolitische Konflikte eingelagert. Die Auswanderung der Nkuna aus dem Limpo-

potal ist zum Teil wohl dadurch zu erklären, daß die Gaza Nguni weitgehend die Rinder monopolisierten. Bei der Abgrenzung von Reservaten in Nordosttransvaal um 1888—1892 gab es auch Proteste von Afrikanern, daß die Reservate zu klein für Bevölkerung und Vieh seien. Die Proteste führten sogar zu Aufständen.[27] Nach der Niederlage der Afrikaner war es möglich, gefahrlos weitere Farmen in europäische Nutzung zu überführen.

---

[27] Vgl. GRIMSEHL 1955; SN 177 (Protokolle der Reservatskommission), bes. S. 94, 121, 150, 152, genauer ausgewertet bei LIESEGANG 1984, S. B 48—52); Berliner Mission, Berlin: Berichte des Missionars Knothe, Mphome, Dez. 1888 und über die Ältestenkonferenz am 26. 12. 1890.

Literaturverzeichnis

ALBUQUERQUE, J. M. DE 1897: Campanha contra o Maguiguana nos territórios de Gaza em 1897. Ordens do Exercito, parte não oficial, 1897, S. 398—495.

ALMADA, J. DE 1943: Tratados applicaveis ao ultramar. Bd. V. Lissabon.

ANDRADE, A. A. F. DE 1894: Relatorio. Bol. da Soc. de Geogr. Lisboa, 13. S. 295—391.

ANNAES DO CONSELHO ULTRAMARINO, PARTE NÃO OFFICIAL. Lissabon 1854—1866.

ARBOUSSET, T. & DAUMAS, F. 1846: Narrative of an exploratory tour to the north-east of the colony. Kapstadt (reprint 1968).

AXELSON, E. 1967: Portugal and the scramble for Africa. Johannesburg.

BARRADAS, L. 1967: A primitiva Mambone e suas imediações. Monumenta, 3, S. 21—40.

BATES, C. W. 1947: A preliminary report on archaeological sites on the Groot Letaba River, north-eastern Transvaal. S. A. J. S. vol. 43, S. 365—375.

BATES, C. W. et al. 1949: Bored stones from the Transvaal. S. A. A. B. IV, no. 15. S. 107—108.

BEACH, D. N. 1980: The Shona and Zimbabwe 900—1850. Gwelo und London.

BEAUMONT, P. B. et al. 1978: Modern man in subsaharan Africa prior to 49 000 years B. P.: A review and evaluation with particular reference to Border Gave. S. A. J. S. 74, S. 409—419.

BECKER, R. & HERZOG, R. 1976: Afrika-Kartenwerk. Ethnographie (N 10). Berlin und Stuttgart.

BERTHOUD, H. 1903: Map of the Zoutpansberg, 1:333 000. Bern.

BERTHOUD, P. 1884: Grammatical note on the Gwamba language in South Africa. J. of the Roy. Asiatic Soc. XVI, S. 45—73.

— 1897: Les nègres Gouamba ou les vingt premières années de la mission romande. Lausanne.

BEUSTER, C. L. 1879: Das Volk der Vawenda. Zeitschrift der Ges. f. Erdkunde zu Berlin, 14, S. 236—240.

Boletim oficial de Moçambique. Moçambique, später in Lourenço Marques, seit 1854.

BONNER, PH. 1977: The rise, consolidation and desintegration of Dlamini power in Swaziland between 1820 and 1899: A study in the relationship of foreign affairs to internal political development. Dissertation, London 1977.

— 1978: Factions and fissions: Transvaal/Swazi politics in the mid nineteenth century. Jour. Afr. History, 19, S. 219—238.

BOTHMA, C. V. 1962: Ntshabeleng social structure: A study of a northern Transvaal Sotho tribe. Pretoria: Ethnological Publications no. 48.

— 1969: Pedi origins. Festschrift N. J. van Warmelo. Pretoria: Ethnological Publications no. 52, S. 187—197.

— 1976: The political structure of the Pedi of Sekhukhuneland. African Studies, 35, S. 177—205.

BRASSEUR, G. 1972: Les cartes ethnodemographiques de l'Afrique occidentale. Conference on Manding studies. London (9 S.).

BREUTZ, P. L. 1956: Stone kraal settlements in South Africa. African Studies, 15, S. 157—175.

BREYTENBACH, J. H. & PRETORIUS, H. S. 1949: Notule van die Volksraad van die Suid-Afrikaansche Republiek, I, 1844—1850. Cape Town.

CABRAL, A. 1910: Raças, usos e costumes dos indígenas do districto de Inhambane. Lourenço Marques.

CACHET, F. L. 1882: De worstelstrijd der Transvalers aan het volk van Nederland verhaald. Amsterdam (2. Aufl. 1883).

CASTILHO, A. DE 1881: O districto de Lourenço Marques no presente e no futuro. Lissabon (2. Aufl.).

CECH, D. 1974: Inhambane: Kulturgeographie einer Küstenlandschaft in Südmoçambique. Wiesbaden: Braunschweiger Geogr. Studien, 4, 1974.

CECH, D. et al. 1982: Afrika-Kartenwerk, Beiheft S 11. Agrargeographie — Südafrika. Berlin und Stuttgart.

CLARK, J. D. 1967: Atlas of African prehistory. Chicago und London.

Collett, D. P. 1982: Excavations of stone walled ruin types in the Badfontein valley, Eastern Transvaal, South Africa. S. A. A. B. 37, no. 135, S. 34—43.

COSTA, M. DE O. G. DA 1899: Gaza 1897—1898. Lissabon.

CRUZ E SILVA, T. M. 1976: A preliminary rèport on an Early Iron Age site: Matola IV, 1/68, in: Iron Age Research in Moçambique. Collected Preliminary Reports. Maputo.

CUNHA, J. D'A. DA 1885: Estudo acerca dos usos e costumes dos banianes, bathiás, parses, mouros, gentios e indígenas... Moçambique.

DEARLOVE, A. R. 1935: Human skeletal material from the Lydenburg district. S. A. J. S. 32, S. 635—641.

DELIUS, P. 1980: Migrant labour and the Pedi 1840—1880. In: MARKS & ATMORE ed. 1980, S. 293—312.

DERRICOURT, R. M. 1975: Some coastal shell middens in Southern Mozambique. Azania 10, S. 135—139.

DE VAAL, J. B. 1953: Die rol van Joao Albasini in die geskiedenis van die Transvaal. Archives Year Book for South African History, I, 14, S. 1—154.

DICKINSON, R. W. 1975: The archeology of the Sofala coast. S. A. A. B. 30, S. 80—104.

DUARTE, R. T. 1976: Three Iron Age sites in Massingir area, Gaza Province, Moçambique, and their importance in the southern Moçambique Bantu settlement. In: Iron Age Research in Moçambique: collected preliminary reports. Maputo.

EARTHY, E. D. 1933: Valenge women: The social and economic life of the Valenge women of Pertuguese East Africa: An ethnographic study. London.

ELOFF, J. F. 1969: Bushmann Rock Shelter, eastern Transvaal: Excavations 1967—8. S. A. A. B. 24, II, S. 60.

ELTON, F. 1872: Journal of an exploration of the Limpopo river. Jour. Roy. Geogr. Soc. 42, S. 1—49.

ENDEMANN, K. 1874: Mittheilungen über die Sotho-Neger. Zeitschr. f. Ethnologie, 6, S. 16—66.

ERSKINE, ST. V. W. 1869: Journey of exploration to the mouth river Limpopo. Jour. Roy. Geogr. Soc. 39, S. 233—276.

EVERS, T. M. 1974: Iron age trade in eastern Transvaal, South Africa. S. A. A. B. 29, S. 33—37.

— 1975: Recent iron age research in the Eastern Transvaal, South Africa. S. A. A. B. 30, S. 71—83.

— 1977: Plaston early iron age site, White River district, Eastern Transvaal, South Africa. S. A. A. B. 32, no. 126, S. 170—78.

— 1979: Salt and soapstone bowl factories at Harmony, Letaba district, northeast Transvaal. In: N. J. VAN DER MERWE & T. N. HUFFMAN ed. 1979: S. 94—107.

— 1980: Klingbeil early iron age sites, Lydenburg, Eastern Transvaal, South Africa. S. A. A. B. 35, S. 46—57.

— 1982 a: Excavation at the Lydenburg Heads site, S. A. A. B. 37, S. 16—33.

— 1982 b: Two latr iron age sites on Mabete, Hans Merensky Nature Reserve, Letaba district, N. E. Transvaal, S. A. A. B. 37, S. 63—67.

EVERS, T. M. & VAN DEN BERG, R. P. 1974: Ancient mining in Southern Africa, with reference to a copper mine in the Harmony Block, north-eastern Transvaal. Jour. of the South African Institute of Mining and Metallurgy, 74, S. 217—225.

FAGAN, B. 1964: The Greefswald sequence. Jour. of Afr. History, 5, S. 337—361.

FAIR, T. J. D., G. MURDOCH & H. M. JONES 1969: Development in Swaziland: a regional analysis. Johannesburg.

FERRÃO, F. 1909: Circumscrições de Lourenço Marques: Respostas aos quesitos feitos pelo Secretário dos Negócios Indígenas ... Lourenço Marques.

FOURIE, H. C. M. 1922: Amandebele van Fene Mahlangu en hun religieus-sociaal leven. Utrecht.

FRIEDE, H. M. & R. H. STEEL 1975: Notes on iron age copper smelting technology. Jour. of the South African Institute of Mining and Metallurgy, 75, S. 221—231.

FULLER, C. E. 1955: An ethnohistoric study of continuity and change in Gwambe culture. (Diss. Northwestern Univ., Univ. microfilms.).

GARDINER, A. F. 1836: Narrative of a journey to the Zoolu country in South Africa undertaken in 1835. London.

Goldthorpe, J. E. & Wilson, F. B. 1960: Tribal maps of East Africa and Zanzibar. Kampala: East African Studies 13.

GOODWIN, A. J. H. 1947: The bored stones of South Africa. Annals of the South African Museum, vol. 37.

GOODWIN, A. J. H. & C. VAN RIET LOWE 1929: The Stone Age cultures of South Africa. Annals of the South African Museum, 27, S. 147—243.

GRANDJEAN, A. 1893: Notice relative à la carte du Nkomati inférieur et du district portugais de Lourenço Marques. Bull. de la Soc. Neuchâteloise de Géographie, VII, S. 113—121 (mit Karte 1:500 000).

— 1900: Le bassin du Nkomati e sa communication avec celui du Limpopo. Bull. de la Soc. Neuchâteloise de Géogr. 12 (mit Karte 1:500 000).

GRIMSEHL, H. W. 1955: Onluste in Modjadjiland 1890—1894. Archives Year Book of South African History, 18, II, S. 187—254.

HABERLAND, E. & H. STRAUBE 1979: Nordostafrika. In: H. BAUMANN ed. Die Völker Afrikas und ihre traditionellen Kulturen, Bd. 2. Wiesbaden 1979.

HALL, M. 1978: Enkwazini: Fourth century iron age site on the Zululand coast. S. A. J. S. 74, S. 70—71.

HALL, M. & T. MAGGS 1979: Nqabeni, a later iron age site in Zululand. In: N. J. VAN DER MERWE & T. J. HUFFMAN ed. 1979, S. 159—176.

HAMMOND-TOOKE, W. D. 1981: Boundaries and belief: The structure of a Sotho worldview. Johannesburg.

HEINE, B. & O. KÖHLER 1981: Afrika-Kartenwerk, Beiheft E 10, Linguistik — Ostafrika. Berlin und Stuttgart.

HISTÓRIA DE MOÇAMBIQUE. Vol. 1, Maputo 1982, vol. 2, Maputo 1983.

HOCKETT, CH. F. 1960: A course of modern linguistics. New York (3. Aufl., 1. Aufl. 1958).

HOERNLÉ, R. F. A. 1930: The stone-hut settlement on Tafelkop, near Bethal. Bantu Studies, 4, S. 33—45.

HOFFMANN, C. 1928: Wildschwein- und Büffelland. Berlin.

HOPE, H. P. 1873: Journey from Natal via the South African Republic and across the Libombo Mts. to Lourenço Marques or Delagoa Bay and thence to the goldfields near Lydenburg. J. Roy. Geogr. Soc. 44, S. 203—217.

HUFFMAN, T. N. 1974: The Leopards Kopje tradition. Mem. nat. Mus. Rhod. 6, S. 1—150.

— 1976: Gokomere pottery from the Tunnel site, Gokomere Mission. S. A. A. B. 31, S. 31—53.

— 1980: Ceramic, classification and iron age entities. African Studies 39, S. 123—174.

HUGHES, A. B. 1957: Rock slides, burials and ancestral worship in the Transvaal. S. A. A. B. 12, S. 102—107.

HUNT, D. R. 1931: An account of the Bapedi. Bantu Studies 5, S. 275—326.

INSKEEP, R. R. & MAGGS, T. M. O'C. 1975: Unique art objects in the iron age of the Transvaal, South Africa. S. A. A. B. 30, S. 114—138.

Iron Age Research in Moçambique: Collected preliminary reports. Maputo: I. I. C. M., Centro de Est. Africanos 1976.

JACKSON, A. O. 1975: The ethnic composition of the Ciskei and Transkei. Pretoria: Ethnological Publications 53.

— (s. d. c. 1982): The Ndebele of Langa. Pretoria: Ethnological Publications 54.

JACKSON HAIGHT, M. V. 1967: European powers and South-East Africa: A study of international relations on the South-East Coast of Africa 1796—1856. London.

JAQUES, A. A. 1958: Swivongo swa Machangana. Cleveland (Tvl), 2. Aufl.

JEPPE, F. 1868: Die Transvaal'sche oder Südafrikanische Republik. Gotha: Petermanns Geogr. Mitt. Erg. — Heft 24.

JEPPE, F. & MERENSKY, A. 1868: Original map of the Transvaal or South African Republik (sic) 1:1 850 000. Gotha.

JOHNSTONE, H. H. 1919: A comparative study of the Bantu and Semibantu languages. Oxford.

JUNOD, H. A. 1895: Une course au Tembé. Bull. Soc. Neuchâteloise de Géogr. VIII, S. 112—125.

— 1914: The condition of the natives in South East Africa in the XVIth century according to the early Portuguese documents. S. A. J. S. 10, S. 137—161.

— 1927: The life of a south African tribe. London 2. Aufl. (1. Aufl. Neuchâtel 1912—3) 2 Bde.

JUNOD, H. P. 1927: Some notes on Tshopi origins. Bantu Studies, 3, S. 57—71.

— 1936: The Vachopi. In: A. M. DUGGAN-CRONIN: The Bantu tribes of South Africa, vol. IV, Sec. II, Cambridge.

JUTA, C. J. 1956: Beads and pottery from Lourenço Marques. S. A. A. B. 10, no. 41, S. 9—11.

KINAHAN, J. 1981: An early pottery date from Southern Kaokoland. SWA Journal, 34—35, S. 43—46.

KLAPWIJK, M. 1974: A preliminary report on pottery from the northeastern Transvaal, South Africa. S. A. A. B. 29, S. 19—23.

KÖHLER, O. 1975: Geschichte und Probleme der Gliederung der Sprachen Afrikas. In: H. BAUMANN ed. Die Völker Afrikas und ihre tradtionellen Kulturen, Bd. 1, S. 141—373.

— 1981: Afrika-Kartenwerk, Karte S 10, Linguistik — Südafrika. Berlin und Stuttgart.

KORFMANN, M. 1976: A new lithic industry from Kruger National Park. Proc. of the Panafrican Congress of Prehistory and Quaternary Studies, VIIth session 1971. Addis Ababa, S. 105—106.

KRIGE, J. D. 1937: Traditional origins and tribal relationships of the Sotho of the northern Transvaal. Bantu Studies 11, S. 321—356.

KRIGE, E. J. & J. D. KRIGE 1943: The realm of a rain-queen. Oxford U. P.

KRUGER, F. 1936: The Lovedu. Bantu Studies 10, S. 89—105.

KRUGER, D. W. 1938: Die wag na die see. Archives Year Book of South African History, I, 1, S. 31—232.

KRUGER, D. W. & PRETORIUS, H. S. 1937: Voortrekker-Argiefstukke 1829—1849. Pretoria.

KRUGER, L. S. 1955: Die Makgoba(Magoeba)-oorlog 1894—95. Unpubl. M. A. thesis, Pretoria.

KUPER, H. 1947 a: An African aristocracy. London.

— 1947 b: The uniform of colour. Johannesburg.

— 1952: The Swazi. London: Ethnographic survey of Africa, South Africa, Pt. 1.

LAIDLER, P. W. 1938: South African native ceramics — their characteristics and classification. Transactions Roy. Soc. S. Afr. 26, S. 93—172.

LANHAM, L. W. 1955: A study of Gitonga of Inhambane. Johannesburg.

LAWTON, A. C. 1967: Bantu pottery of South Africa. Annals of the South African Museum, 49, I, Kapstadt.

LEBZELTER, V. 1930: Rassen und Kulturen in Südafrika, I: Die Vorgeschichte von Süd- und Südwestafrika. Leipzig.

— 1934: Die Eingeborenenkulturen in Südwest- und Südafrika. Wiss. Ergebnisse einer Forschungsreise 1926—1928. Leipzig.

LEGASSICK, M. 1969: The Sotho-Tswana peoples before 1800. In: L. THOMPSON ed. African Societies in Southern Africa. S. 86—125.

LE ROUX, T. H. ed. 1966: Die Dagboek van Louis Trigardt. Pretoria.

LEVER, H. 1968: Ethnic attitudes of Johannesburg youth. Johannesburg.

LIENGME, G. L. 1901: Un potentat africain: Goungounyane et son règne. Bull. de la Soc. Neuchâteloise de Géogr., 13, S. 99—135.

LIESEGANG, G. J. 1968: Beiträge zur Geschichte des Reiches der Gaza Nguni im südlichen Moçambique 1820—1895. Diss. Köln.

— 1969: Dingane's attack on Lourenço Marques in 1833. Jour. Afr. History, 10, S. 317—337.

— 1973: „Ethnische Gruppen" und rezente keramische Komplexe (oder Formenkreise) im südlichen Mosambik: Ein Beitrag zur Frage der ethnischen Deutung. Festschrift H. Petri ed. K. TAUCHMANN, Köln S. 289—317.

— 1974 a: Historical continuity and ceramic change: A note on the wares used by the Gaza Nguni in the 19th century. S. A. A. B. 29, S. 60—64.
— 1974 b: A survey of the 19th century stockades of Southern Mozambique: The khokholwene of the Manjacaze area. Lissabon: In memoriam J. Dias, I. S. 303—320.
— 1975: Aspects of Gaza Nguni history 1821—1897. Rhodesian History, 6, S. 1—14.
— 1976: Produktion, Vertrieb und Formen der Töpferwaren des südlichen Mosambique in den Jahren 1969/1971. Baessler-Archiv, N. F. 24. S. 249—300.
— 1977: New light on Venda traditions: Mahumane's account of 1730. History in Africa, 4, S. 163—181.
— 1981: Notes on the internal structure of the Gaza kingdom of Southern Mozambique, 1840—1895. In: Before and after Shaka, ed. J. Peires, Grahamstown, S. 178—209.
— 1984: Drei Fragmente von Entwürfen zum Beiheft der Historisch-Geographischen Karte des Afrika-Kartenwerks, Blatt Süd (KS 15). Xeroxkopiertes Manuskript.
Low, V. N. 1972: Three Nigerian emirates: A study in oral history. Evanston.
Maggs, T. M. O'C. 1976: Iron Age communities of the southern Highveld. Occ. Publication of the Natal Museum, No. 2, Pietermaritzburg.
Malan, B. D. 1955: Zulu rock engravings in Natal. S. A. A. B., 10, no. 39, S. 67—72.
Malan, B. D. & J. C. van Niekerk 1955: Die Later-Steentyd in Transvaal. S. A. J. S., 51, S. 231—235.
Marker, M. E. & T. M. Evers 1976: Iron age settlement and soil erosion in the eastern Transvaal, South Africa. S. A. A. B. 31, S. 153—165.
Marks, S. & Atmore, A. ed 1980: Economy and Society in pre industrial South Africa. London.
Mason, R. J. 1962: Prehistory of the Transvaal. Pietermaritzburg.
— 1968: Transvaal and Natal Iron Age settlements revealed by aereal photography and excavation. African Studies, 27, S. 1—14.
— 1981: Early Iron Age settlement at Broederstroom 24/73, Transvaal, South Africa. S. A. J. S. 77, 401—416.
Mason, R. J. et al. 1981: Archeological survey of the Magalies valley. S. A. J. S. 77, S. 310—312.
Masson, J. E. 1961: Rock paintings in Swaziland. S. A. A. B. 16, S. 128—133.
— 1971: The rock art of Swaziland. In: Schoonraad 1971, S. 11—13.
Matos, L. C. de 1973: Origens do povo chope segundo a tradição oral. Mem. Inst. Inv. Cient. de Moçambique, 10.
Matsebula, J. S. M. 1976: A history of Swaziland. London.
Mauch, C. 1969: The journals of Carl Mauch 1869—1872, F. O. Bernhard, ed. E. E. Burke. Salisbury.
Mbanze, N. J. (s. d. ca. 1940): A ngango wa muTshwa. Cleveland (zitiert nach der 5. Aufl.).
Merensky, A. 1888, 1899: Erinnerungen aus dem Missionsleben in Transvaal 1859—1882. Berlin (1. Auflage 1888, 2. Auflage 1899).
Mönnig, H. O. 1963: The structure of Lobedu social and political organisation. African Studies 22, S. 49—64.
— 1967: The Pedi. Pretoria.
Montanha, J. de S. Rita 1857: Relatório da viagem de ida, estada e volta aos hollandezes da republica Hollandeza Africana ... Annaes do Conselho Ultramarino, parte não official, I, 1854—8, S. 317—354.
Morais, J. M. 1976: Prehistoric research in Moçambique: The earlier prehistoric research in „Portuguese East Africa". The present project, investigations, plans and proposals. In: Iron age research in Moçambique. Maputo.
Myburgh, A. C. 1949: The tribes of the Barberton district. Pretoria: Ethnological Publications 25.
— 1956: Die stamme van die distrik Carolina. Pretoria: Ethnological Publications 34.
Neves, D. F. das 1878: Itinerário de uma viagem à caça dos elefantes. Lissabon.
Nhlapo, J. M. 1945: The story of the Amanhlapo. African Studies 4, S. 97—101.
N. N. 1948: South African archaeological Society: Northern Transvaal Centre. S. A. A. B., 3, no. 12, S. 110.

— 1961: Report of the Archaeological Survey of the Republic of South Africa. Annual Report No. 26.

OLIVEIRA 1897: Carta dos districtos de Lourenço Marques e de Gaza, 1:500 000. Lourenço Marques.

PANOFF, M. & M. PERRIN 1982: Taschenwörterbuch der Ethnologie, ed. J. Stagl. Berlin 2. Aufl.

PHILLIPSON, D. W. 1976: The early iron age in eastern and southern Africa: a critical re-appraisal. Azania 11, S. 1—23.

— 1977: The later prehistory of eastern and southern Africa. London etc.

PINTO, C. DOS S. 1840: Viagem de Inhambane às terras de Manicusse em 1840. Abdruck in: Arquivo das Colónias, I, 6, 1917, S. 269—274.

POTGIETER, E. F. 1955: The disappearing Bushmen of Lake Chrissie: A preliminary survey. Pretoria.

PRETORIUS, H. S. & D. W. KRUGER 1937: Voortrekker — Argiefstukker 1829—1849. Pretoria.

PRICE-WILLIAMS, D. 1980: Archaeology in Swaziland. S. A. A. B. 35, S. 13—18.

— 1981: A preliminary report on recent excavations of the middle and late stone age levels at Sibebe shelter, North-West Swaziland. S. A. A. B. 36, S. 22—28.

PYPER, L. 1918: Some engraved stones of the Lydenburg District and North-East Transvaal. S. A. J. S. 15, S. 415—417.

RADDATZ, H. 1886 a: Das Kaffernland des Unteren Olifant (mit Karte). Das untere Olifantbecken (Süd-Afrikanische Republik): Mit besonderer Berücksichtigung der Eingeborenenbevölkerung. 1:600 000. Petermanns Geogr. Mitt. 32, S. 52—55.

— 1886 b (s. d.): Map of the Zoutpansberg District/Transvaal Goldfields. 1:500 000. s. l. (Kapstadt?: Argus printing).

RADEMEYER, J. I. 1944: Die oorlog teen Magato (Mpefu). Historiese Studies.

Rapport van den Superintendent van Naturellen 1892—1898. Pretoria (Nachdruck 1967).

Relátorio dos actos da direcção, Associação commercial de Lourenço Marques. Lourenço Marques (Für 1901 und einige folgende Jahre).

RITA-FERREIRA, A. 1958: Agrupamento e caracterizaçao étnica dos indígenas de Moçambique. Lisboa.

— 1975: Povos de Moçambique: História e cultura. Porto.

— 1982: Presença luso-asiática e mutações culturais no sul de Moçambique (até c. 1900). Lissabon.

RODNEY, W. 1971: The year 1895 in Southern Mozambique: African resistance to the imposition of European colonial rule. J. Hist. Soc. of Nigeria, V, no. 4, S. 509—536.

SCHAPERA, I. 1952: The ethnic composition of Tswana tribes. London: Monographs on Social Anthropology 11.

SCHIEL, A. 1902: 23 Jahre in Sturm und Sonnenschein in Südafrika. Leipzig.

SCHLAEFLI-GLARDON, E. H. 1893: De Valdézia à Lourenço Marques. Bull. Soc. Neuchâteloise de Géogr., 7, S. 138—184.

SCHOFIELD, J. F. 1935: Natal coastal pottery from the Durban district: A preliminary survey. S. A. J. S. 32, S. 508—527.

— 1948: Primitive pottery, an introduction to South African ceramics, prehistoric and protohistoric. S. A. A. B.: Handbook series 3.

SCHOONRAAD, E. 1965: Rotskuns van Oos-Transvaal. Outlook. 16, No. 4, S. 10—12.

— ed. 1971: Rock paintings of southern Africa. S. A. J. S. Supplement, Special issue No. 2, May 1971.

SCHOONROOD, E. & BEAUMONT, P. 1971: The Welgelegen shelter, Eastern Transvaal. In: SCHOONRAD, E. 1971, S. 62—69.

SCHWELLNUS, C. M. 1937: Shorte note on the Palaboroa smelting ovens. S. A. J. S., 33, S. 904—912.

SCULLY, R. T. K. 1979: The lists of Phalaborwa rulers: A comparison of variant fixed sources. Hist. in Africa 6, S. 209—224.

SENNA-MARTINEZ, J. C. S. 1968: Concheiros de Chongoene. Boletim do Centro de Estudos de Argueologia, S. 21—22.

— 1969: Algumas notas sobre os trabalhos realizados pelo C. E. D. A. no programa de estudos dos concheiros da costa. Bol. do Centro de Estudos de Arqueologia, 3, 12, S. 47—48.

— 1976: A preliminary report on two Early Iron Age traditions from Southern Mozambique coastal plain. In: Iron Age research in Moçambique. Collected preliminary reports. Maputo.

Sentker, H. F. 1967: Archaeology and South Africa. Unisa 1967. Ann. J. Univ. S. Africa, S. 16—24.

Serrano, J. A. M. 1894: De Makiki a Inhambane pelo Ual ize (1890). Bol. Soc. de Geogr. Lisboa, 13, S. 397—447.

Shilubana, P. M. & H. E. Ntsanwisi 1958: Muhlaba, hos ya va ka Nkuna. New Shilubana.

Sinclair, P. 1982: Chibuene — An early trading site in southern Mozambique. Paideuma 28, S. 149—164.

Smith, A. K. 1973: The peoples of southern Mozambique: an historical survey. J. Afr. History 14, S. 565—580.

Smith, K. W. 1967: The campaigns against the Bapedi of Sekhukhune 1877—1878. Archives Year Book for S. Afr. History, 13, II, S. 1—69.

— 1969: The fall of the Bapedi of the North-Eastern Transvaal. J. Afr. History, 10, S. 237—252.

Smolla, G. 1960: Neolithische Kulturerscheinungen. Bonn.

— 1976: Archaeological research in the coastal area of southern Moçambique. Proceeding of the Panafrican Congress of Prehistory and Quaternary Studies, VIIth Session 1971, Addis Ababa, S. 265—270.

Soret, M. 1969: La cartographie et la representation graphique en ethnologie. In: J. Poirier ed.: Ethnologie génerale. Paris, S. 349—384.

Stayt, H. A. 1931: The BaVenda. London (reprint 1968).

Stevenson-Hamilton, J. 1929: The Lowveld: its wild life and its people. London.

Summers, R. 1953: Rhodesian ruins. Occ. Pub. Nat. Mus. Southern Rhodesia, vol. 2. no. 18, S. 495—507.

Theal, G. M. C.: Records of South Eastern Africa. London 1898 seqq.

Thomas, E. 1895: Le Bokaha. Bull. Soc. Neuchâteloise de Geogr. 8, S. 156—174.

Thompson, L. C. 1947: The Marali. S. A. J. S., 43, S. 363—364.

Toscano, F. & Quintinha, J. (s. d. 1935): A derrocada do império vátua e Mousinho de Albuquerque. Lissabon (2 Bde, 3. Aufl.).

Tracey, K. A. 1956: An eastern Transvaal engraving. S. A. A. B. 11, no. 44, S. 100—101.

Trigardt, L. 1837—8: siehe LeRoux 1968.

Van Coller, H. P. 1942: Die Mapochoorloog 1882—83. Historiese Studies Okt.—Dez.

Van der Merwe, A. P. 1941: Die voorgeskiedenis van die Republiek Lydenburg. M. A. these, Universität Pretoria.

— 1961: Die erste pad van Ohrigstad na Lourenço Marques. Historia, 6, S. 291—294.

Van der Merwe, N. J. & R. T. K. Scully 1971: The Phalaborwa story: archaeological and ethnographic investigation of a South African Iron Age group. World Archeology, 3, no. 2, S. 178—186, 196.

Van der Merwe, N. J. & D. J. Killick 1979: Square: an iron smelting site near Phalaborwa. In: Van der Merwe & Huffman, ed. S. 86—93.

Van der Merwe, N. J. & T. J. Huffman: Iron age studies in South Africa. Goodwin Series 3, Claremont.

Van Hoepen, E. C. N. 1939: A preeuropean Bantu culture in the Lydenburg District. Argeologiese Navorsing van die Nasionale Museum, Bloemfontein 2 (5).

Van Rensburg: Unpublizierte Liste von Funden aus dem Transvaal-Museum, Pretoria.

Van Riet Lowe, C. 1941: Bored stones in Nyasaland. S. A. J. S. 37, S. 320—326.

— 1952: The distribution of prehistoric rock engravings and paintings in South Africa. Archaeological series 7, Pretoria.

Van Riet Lowe, C. & Breuil, H. 1944: First impressions of an archaeological tour of the southern extremity of the Colony of Moçambique. Lourenço Marques.

Van Rooyen, T. S. 1951: Die verhoudings tussen die Boere, Engelse en naturelle in die geskiedenis van die Oos-Transvaal tot 1882. Archives Year Book for South African History, 14, I.

Van Warmelo, N. J. 1927: Gliederung der südafrikanischen Bantusprachen. Zeitschrift für Eingeborenensprachen, 18, S. 1—54, 81—127.

— 1930: Transvaal Ndebele texts. Pretoria: Ethnological Publications 1.

— 1935: A preliminary survey of the Bantu tribes in South Africa. Pretoria.

— 1940: The copper-miners of Musina and the early history of the Zoutpansberg. Pretoria: Ethnological Publications 8.

— 1944: The Ba Letswalo or Banarene. The Bathlabine of Moxobôya. The Bakoni ba Maake. The Banarene of Sekôrôrô. The Banarene of Mmutlana. The Bakoni of Mametsa. The Batubatse of Masisimale. Pretoria, Ethnological Publications 10—16.

— 1953: Die Tlôkwa en Birwa van Noord Transvaal. Pretoria Ethnological Publications 29.

— 1966: Zur Sprache und Herkunft der Lemba. In: J. LUKAS ed. Neue Afrikanistische Studien (Klingenheben-Festschrift) Hamburg, S. 273—283.

VAN WYK, E. B. 1969: Die indeling van die Sotho-Taalgroep. Warmelo-Festschrift. Pretoria: Ethnological Publications 52, S. 169—179.

WAGNER, R. 1980: Zoutpansberg: the dynamics of a hunting frontier. In: MARKS & ATMORE 1980, S. 313—349.

WALTON, J. 1956: African village. Pretoria.

— 1958: Sotho cattle kraals. S. A. A. B. 13, no. 52, S. 133—143.

WANGEMANN, T. 1868: Ein Reisejahr in Süd-Afrika. Ausführliches Tagebuch über eine in den Jahren 1866 und 1867 ausgeführte Inspektionsreise durch die Missionsstationen der Berliner Missionsgesellschaft. Berlin.

WELLS, L. H. 1935: Remains from a grave in the Klein Letaba district. S. A. J. S. 32, S. 625—632.

— 1944: Report on material from kitchen middens near the mouth of the Limpopo River. Lourenço Marques.

WIESE, B. 1971: Die Landzuteilung in der Republik Südafrika und Swaziland. Die Erde, 102, S. 62—75.

WILDE, M. 1913: Schwarz und Weiß: Bilder einer Reise durch das Arbeitsgebiet der Berliner Mission in Südafrika. Berlin.

WILLCOX, A. B. 1955: The shaded polychrome paintings of South Africa, their distribution, origin and age. S. A. A. B. 10, S. 10—14.

XAVIER, A. A. C. 1881: O Inharrime e as guerras Zavalla. Bol. Soc. de Geographia de Lisboa, 2, S. 477—528.

— 1894: Reconhecimento do Limpopo: Os territorios ao sul do Save e os vátuas. Bol. da Soc. de Geogr. de Lisboa, 13, S. 129—176 (mit Karte Limpopo: 1:500 000).

ZIERVOGEL, D. 1954: The eastern Sotho: A tribal, historical and linguistic survey (with ethnographic notes) of the Pai, Kutswe and Pulana... Pretoria.

— 1969: Veertig jaar van taalnavorsing in Suid-Afrika. In: Festschrift N. J. VAN WARMELO. Pretoria: Ethnological Publications 52, S. 181—186.

Summary

This area of Africa was selected primarily on the grounds of its geological and morphological diversity. Had an independent study in historical geography been planned, the scale, themes, and limits of the sheet or maps would have been selected with different criteria to provide more flexibility; economically integrated areas would doubtless have been included, as well as more detailed studies of smaller areas.

In this project two maps (S 15 and S 16) cover certain fields of historical geography. A full coverage of the history of this area was not envisaged, because certain monographs dealing with themes of human geography already include historical data. The map S 15 presents data from two cartographic projects which were initially independent: the first, an archaeological map; and the second, a map of ethnic and political units during the precolonial period. A streamlining of the project in 1969 and the collaboration of the authors in the field of Iron Age archeology pulled the two subjects together.

A large part of the monograph has been reserved for a catalogue of the archaeological sites shown on the map (*Chapter 3*)[1]. *Chapter 2* characterizes the different classes of archaeological finds and attempts a subdivision of the Iron Age pottery (*Chapter 2.7*). *Chapter 4* deals with the ethnic and political units shown on this map, and *Chapter 5* summarizes certain theoretical concepts, as well as drawing attention to data on the precolonial utilization of space within the area.

The maps comprise three themes:
a) sites of the African Iron Age (as well as some from the Late Stone Age) as known through 1968/1971,
b) ethnic units ca. 1870—1897, and
c) certain political units ca. 1890—1895.
   basic political units ca. 1890—1895.

These three themes are recorded in different techniques. Small individual symbols differentiate the classes of archaeological finds. Coloring and hatching of the areas indicates ethnic groups; borders are lineally defined. Regional groups or former political units, often named for the group governing them, are generally written in, although not every group appears on the map.[2] A few heads of important political and administrative units appear as well, primarily because they figure in the sources as place names. Other former place names are presented in *Map 3*.

---

[1] Site numbers which do not appear in *Chapter 3* refer to Early and Middle Stone Age sites outside the scope of discussion (e.g. M 46—M 70, M 72—79, M 99—115, M 133—140, S 23—32).

[2] A nearly complete list of such groups in Mozambique compiled by J. Makamu was published by EARTHY (1933, p. 240).

This summary serves to characterize the classes of archaeological finds (I); to comment on the presentation and definition of the ethnic and political units (II); and to mention briefly the role of migrations (III), the political situation in 1865 (IV), and the sources available for research on ethnic and political units (V).

I. Archaeological finds

The archaeological data were collected primarily in 1968; a few additions could be made in 1971. Sites later located and published, although they do not appear on the map, are occasionally mentioned in the text and are included in the bibliography.

A broad classification of the finds (Early, Middle, and Later Stone Age with the distinction of Sangoan from other Earlier Stone Age classes; Iron Age; etc.) was made in the field. It became, therefore, immediately clear that Sangoan was concentrated in certain areas and that there were no Stone Age finds along the Mozambican coast between Inhambane and the Limpopo. Until 1968 it remained unclear whether there is any Strandloper pottery on the Mozambican coast. We found none.

A survey of the entire area was not possible. In Mozambique we kept to the coast and visited sites west and northwest of Maputo (then Lourenço Marques). A few days only were spent in Swaziland and the Kruger National Park. Near Tzaneen J. G. R. Witt showed us the many sites he knew, and H. F. Sentker gave us an introduction into his research near Badplaas.

The sites and finds shown on the map were divided into eleven categories. There would have been at least fifteen, had a classification of the pottery been attempted. The distribution of five of these categories (ruins and terraces, rock paintings, rock engravings, shell middens, and soapstone bowls) is obviously influenced by ecological factors, e.g. in a stoneless plain one cannot anticipate ruins or terraces. The same may hold true for bored stones.

The coastal shell middens are often associated with the calcareous sandstone reefs (*see map S 2*) on which oysters and mussels live. Mangrove swamps are the sources of some molluscs (e.g. Terebralia palustris) found at certain sites. There is only one inland site (T 15) with an accumulation of shells. Although a few unstratified shell finds come as surface material from Praia de Bilene (S. Martinho) where Late Stone Age finds and pottery occur together (M 30—32), shell finds seem to come from diverse layers at M 33. In other areas there is no indication of an association of shell middens with the Stone Age.

The number of "ruins and terraces" must be much higher than indicated on the map. Some of the sites shown (T 49, T 67) are documented historical settlements; others were attributed to the 19th century through oral tradition (T 7). Many of them are residential terraces built in order to protect the habitation from erosion. Their existence is perhaps indicative of periods of warfare which encouraged dense settlement in hilly country.

Soapstone bowls were found in a rather limited area of the N. E. Transvaal. Some were apparently used in the production of salt near brine springs. The bowls show traces of having been shaped with metal instruments and therefore can be more securely dated than the rock paintings.

Rock paintings and rock engravings presuppose the existence of appropriate surfaces and thus cannot exist in the area covered by the eastern half of the sheet. Rock paintings have commonly been assigned to hunting populations, some remnants of which (the Khwegwi near Lake Chrissie) are known within the distribution area of the paintings. The paintings can be regarded as representing an extension of the Drakensberg painting area.

During the field work relatively much time was devoted to the study of the modern traditional pottery of southern Mozambique, and conclusions seem to attest the hypothesis that it is sometimes only possible to trace "ethnic" (linguistic) groups and political units by studying the distribution of pottery forms. Near Manjacaze, for example, the cross hatching which seems to have been popular on the shoulder or neck of water storage vessels from about 1900 to 1940 may have been a legacy from the Ndau who accompanied Ngungunyane south in 1889. In general, however, conquerors seem to have adopted the pottery of the conquered, and trade must have crossed ethnic and probably sometimes political frontiers as well.

In the monograph an attempt has been made to attribute the pottery shown on *Figures I* through *XVII* to fifteen groups on the basis of the decoration (and the published data available). A definition of 'modes' and 'classes' would have been possible only for the modern pottery.

During the 1968 survey a few sherds which could be attributed to the "Matola tradition" were found. The main sites appear to be inland, rather than coastal (CRUZ E SILVA 1976). The question posed by MASON (1981, p. 414), whether the two-stream hypothesis of PHILLIPSON (e.g. 1977, p. 229 f.) is tenable in the view of evidence from southern Africa, cannot be decided here. It would seem improbable, however, that two contemporary streams reached southern Africa and occupied different areas, because Broederstroom pottery exhibits a number of features also to be found at Matola and other sites in southern Mozambique. It is possible that there was an influx of other groups at a later date, and that the seat of Lydenburg (which displays pottery with multiple bands of herringbone motif) reflects such influences.

There are elements which can be attributed to a Middle Iron Age; at least we can say that a simple division of the Iron Age into Early and Late does not seem meaningful. Shell stamping, for example, although it seems to belong to a later period, appears to have occured earlier near Inhambane than in the south.

Decoration with bands of lozenges can be attributed to the 19th century.[3] The distribution pattern of this ornament (*Map 16*), plotted principally on the basis of material collected in the Departmento de Arqueologia e Antropologia of the Universidade Eduardo Mondlane, demonstrates that this type of decoration was most popular among the Central Tsonga. Some finds on the fringes of its distribution may be attributed to groups of refugees. The lozenges are consistently relatively small (1—2 cms.) and can thus be distinguished from the larger lozenges (which measure some 5 cms. or more) of the Early Iron Age pottery in Natal.

---

[3]   Certain sites can be dated to ca. 1855—1890. Cf. also DUARTE (1976) criticizing EVERS (1975).

II. Definition of ethnic and political units; Second thoughts on the grouping

Ethnic and political units are regarded as different and distinct. During the precolonial period ethnic units were distributed among the different states; many states were multiethnic.

That there is no universally accepted terminology for ethnic units reflects regionally diverse social and political conditions, as well as independent administrative and descriptive traditions during the colonial period. For example, the work on "Ethnic Composition of Tswana Tribes" by SCHAPERA (1952), succeeded by studies along similar lines by BOTHMA (1962, 1976) and MÖNNIG (1963), was never paralleled for the former Portuguese colonies. Here chiefs (regulos, regedores) and headmen (chefes de grupo. cabos) were regarded as makeshift lower echelons of the native administration, so that the concept of a 'tribe' as a juridical and political community acquired few adherents. It is therefore not always easy to translate certain concepts with a single, term.[4] These different approaches make it difficult to generalize on certain subjects on the basis of the literature alone.

There is sufficient data, however, to demonstrate that cultural and political units are— despite some obvious long-term continuities stressed by H. A. JUNOD (1914) and C. FULLER (1955)—allways in a state of rearrangement and reshaping, the terminology being influenced by conquests which created groups with a new self-identity and by cultural changes which resulted in the disappearance of certain ethnic groups, the names of which then lost their context (among the Sotho, Laudi and Roka may have represented such groups).

In regard to terminologies, we must differentiate between 1) regional vernacular terminologies (including historical Afrikaans, Portuguese and English) which, including references to dress and body mutilations, were influenced by a social and linguistic distance, as well as considerations of social position, political and "national" identity, origin, etc.; and 2) attempts to introduce a hierarchy of terms for the ethnographic literature and administrative practice. Some of these terms have their roots in the vernacular. For example, a number of Tsonga in southern Mozambique came to accept the term "Tsonga" (as was current practice in South Africa) as the common designator for Rjonga, Tshangana, and Tswa, although "Tsonga" originally had another meaning—at least in Tswa.

The diffusion of languages and dialects can be influenced by large-scale migrations and new communication patterns imposed by changing political frontiers and new economic centers. Under certain conditions "L-complex" situations (cf. HOCKETT 1960) may arise and it becomes difficult to establish an exact borderline between two languages. The social relevance of linguistic distance may diminish if speakers become bilingual, leading to a decrease in social discrimination (through jobs, marriages, etc.) and a certain social equality.

Distribution area of other cultural elements can reflect a variety of factors. Because certain cultural elements are dependent upon resources (an apiary presupposes a thriving bee population; a pottery center, both sufficient clay sources and a reliable market in the

---

[4]   Africanists in the Federal Republic have increasingly avoided the term 'tribe' (Stamm) since the late 1960's, replacing it by *Ethnie, ethnische Einheit,* or *Volk* in order to avoid any negative connotation.

surrounding zone; etc.), these do not necessarily reflect either the distribution of language and dialect or the boundaries of political units. Such elements can represent temporary limits of social groups or of cultural influences, especially if the cultural elements carry a social connotation.[5]

Language has been taken as the most important criterion in defining the ethnic groups. Groups who claimed a certain origin but had not retained their original language, like the Matsimbi near Homoine (who claimed Tshopi origin but spoke Tswa), are listed with those whose language they spoke. Among the Pedi, Gaza Nguni and Ndau, as well as the Swazi are believed to have retained their language (although it was to disappear later) and are mentioned as minorities. The Lemba or Lepa of the Transvaal represent a border case. WANGEMANN (1868, p. 437) recorded some remnants of Shona (or Karanga) vocabulary; later authors mention as well their endogamous marriages and their occupational specialization (metal work, pottery). Since most of them seem to haven spoken the language of their Sotho neighbors—and there is no exact data on their geographical distribution—it was decided to omit them as a group.

Although we regarded language as an important criterion, only a partial list for reference, without classification, could be achieved on the map. The classifications of VAN WYK (1969, pp. 174—9) and ZIERVOGEL (1969, p. 186), which separate the Sotho represented on this sheet into about four groups by dialect, rather than into two regional groups, seem more acceptable. The groupings indicated here by different styles of hatching might be further improved. The territory of the Maxakal or Mafefe dynasty, which seceded from the main Pedi dynasty in the 18th century, might justifiably have been included within the dominion of the Pedi (whose overlordship they seem to have acknowledged), along with the Koni of Mametsha—although the Pedi were not ethnically homogeneous. For the Lovedu and their neighbors, the grouping of KRIGE & KRIGE (1943) has been adopted.[6]

In the case of the Tsonga, any grouping referring to the period before 1898 must differentiate the Nwanati (Khambana and Makwakwa/Makwakwe) and Lenge from the Central Tsonga. They spoke a characteristic dialect of their own (regarded by some as closer to Tswa) until they turned Tshangana as recently as 1900 through 1930.[7]

It would seem correct, however, to separate Tshopi and Tonga. H. P. JUNOD (1936) proposed to regard them as a single group, basing his argument on a number of selected word pairs. Comparison of a more randomly collected sample, however, gives almost equal values for the distance of Tshopi from Tonga and Tswa (LIESEGANG 1973, pp. 298, 314). Tshopi and Tonga (with Inhambane Ronga) may both have been part of an older dialect continuum, but they are not particularly close.

---

5   This may be one reason why a Swazi family in Changalane (north of Catuane in Mozambique) was producing and using Swazi beer pots in 1971.
6   KRIGE & KRIGE (1943), map at the end; BOTHMA (1976, p. 181 f.); MERENSKY (1899, p. 140).
7   Cf. EARTHY (1933, p. 4). It is possible that Nwanati and old Lenge were two different dialects. KÖHLER (1981) (on the map S 10) included the Nwanati populations of Chibuto and Manjacaze in the Tswa group. Around 1960 the speech of the population of Chibuto district was closer to that of the Central Tsonga; old dialects mentioned by H. A. JUNOD (1927) and VAN WARMELO (1927) had disappeared.

III. Migrations

A few migrations which displaced thousands of people over a few months duration and basically altered the distribution of ethnic units have been pointed out. Movements of individual families and small groups—which over a long period might result in substantial changes—have not been shown, primarily due to lack of adequate documentation.[8] Three movements linked to the political situation in the early 1860's appear on *Map 2*.

In Section V a reference is made to a certain few cases in which the continuity of a political unit can be demonstrated over a period of three to four centuries. Most cultural units as well demonstrate a certain continuity in their areas of distribution. Is it then at all possible, one might ask, to assess the impact of migrations during the last two or three centuries. Certain aspects, such as cultural loans (and loanwords), have not been studied or are most difficult to study. It is, however, quite clear that a certain number of movements resulted in the cultural absorption of the immigrants, even in the case of conquering minorities. Certain ruling Hlanganu and Central Tsonga lineages seem to have been Sotho (Laute or "Vecha") in origin, e.g. the Chivuri and the Thovele. One source even attributed a Mbai origin to the Ngomane (who are Tsonga). In a later period we can cite the Ndau and the Nguni, who were by 1930 or 1940 already assimilated into the Tsonga. There are least twenty similar cases from other zones of the sheet.

Certain migrations, on the other hand, definitely appear to have affected the linguistic picture. The immigration of the Nkuna and others seems to have introduced a Tsonga nucleus near modern Tzaneen; the immigration of the group led by Mpissane in 1897 seems to have reinforced the Hlanganu elements already present in that area. The 18th century Dzivi and Bila Nkulu migrations near Inhambane served to isolate the Ronga of Inhambane and apparently first introduced Tsonga elements to the coastal areas north of Inhambane. The disappearance of the old Nwanati dialect near Chibuto and Manjacaze may have been primarily due to the many people from other Tsonga-speaking areas who settled there. The Ndebele in central and northern Transvaal may owe their existence to a 17th or 18th century migration period. The colonial conquests of the 19th century might also be mentioned here.

Thus it is clear that, although migrations played an important role in modifying the distribution of certain ethnic units, there nevertheless existed cultural continuity and assimilation in other areas, especially in pockets with a more enduring political or biological continuity.

---

[8] Some Tshopi, for example, were believed to have settled near Lourenço Marques in 1889—1895, not all of those attacked by Ngungunyane's warriors having fled to Inhambane. The Tsonga north of Lydenburg seem to have been immigrants as well, but it remains uncertain from where they came. They are shown by RADDATZ 1886 a.

IV. The political situation ca. 1865

In conjunction with the main map, *Maps* 2 and *4* display certain aspects of the political situation and its development.

In 1865 the expansion of white settlement had come to a temporary halt in northeastern Transvaal. The situation was similar on the coast. Only the years 1879, 1883, 1890, 1894, 1895, 1897, and 1899 were marked by military initiatives successful in subjecting African states or in eradicating traces of resistance. In the north most of the farms actually occupied after 1848 were retained, although the village of Schoemansdal (or Zoutpansberg) near modern Louis Trichardt was abandoned in 1868, and the small town of Lydenburg (a district capital and from 1857 to 1863 capital of the independent Lydenburg Republic) was dwindling. To the southwest of the sheet, on the other hand, a new zone of expansion was seen around Ermelo with the New Scotland Project and a few farms near the source of the Vaal River (L. de Jager, F. R. J. van Rensburg, H. T. Bührmann). Settlement continued near Middelburg. Changes in this period were the result of a crisis in the hunting economy. Areas too far removed to sell agricultural surplus in Natal stagnated, while the African states were increasing in strength. Africans working in the Cape or for their Afrikaner masters had learned to use guns, horses, and ox carts, and were expelling farmers from farms in the outlying areas. The largest of the African states was governed by Sekhukhuni (1861—1883), a son of Sekwati (who had reconstituted the Pedi state after the Mfecane). According to Jeppe (1868, p. 10) there were about 50,000 Pedi under Sekhukhuni[9], whose influence extended as well over other Sotho groups to the northeast. South of their border lay the much smaller state of the Ndebele governed by Mabhogo's son Nyakelele and later by Niabele. The Pedi and the Ndebele were raiding one another during this period.

Southeast of Lydenburg lay the territory of the Swazi (Swati), governed from ca. 1846 to 1865 by Mswati, who had moved his residence Hhohho possibly around 1855—1858 to the far north of modern Swaziland. Even unter the rule of his father, Sobhuza (Somhlolo), who died ca. 1838, the kingdom had spread as far as the Ngwenya River, and raiding had probably taken place north of the river. Toward the end of Mswati's rule the territory must have reached early as far north as the Olifants River and extended toward Lourenço Marques. The Swazi, caught between the Zulu and the Afrikaner, allied themselves with the latter and were called in to fight enemies of the Afrikaner (the Ndebele, Pedi, and Venda). They were the allies of Mawewe in the Gaza civil ware of 1862 and carried on raids for their own benefit in 1859—1860 and 1863; as well as in later years.

Until 1862 the northward expansion of the Swazi had been checked by the Gaza state under Soshangane (ca. 1820—1858) and Mawewe (1859—1861), who seem to have been acknowledged as suzerains in the Lowveld north of the Sabie River. Mzila's flight to the north diminished Gaza pressure, and in the late 1860's the limit of Gaza influence seems to have been a line between Phalaborwa and the Uanetze River.

---

[9]   According to a report from 1879, there were more than 75,000 Pedi in that year (*van Rooyen* 1951, p. 233).

After April 1862 the Gaza state had its center north of the Save River, and although the former center in the Limpopo Valley was not completely abandoned, the population remained relatively small, many having fled eastward to the Tshopi.

Developments in the two isolated Portuguese territories of Inhambane and Lourenço Marques did not run parallel. Inhambane expanded its area of influence during the late 1860's, whereas Lourenço Marques was unable to benefit from the assistance given to Mzila by certain of the ivory traders, the African elephant hunters, and the Portuguese governor during the Gaza civil war of 1861—1862. Lourenço Marques' area of influence dwindled, most probably partially due to repeated Swazi attacks. From Inhambane the African militia even made some forays into the area south of the Inharrime River.

In the southeast the Zulu exercized suzerainty over the people of Maputyu, who in turn exerted pressure on Bukutye of Tembe, whose following seems to have decreased to less than 2,000. Maputyu at this juncture must certainly have had over 10,000 inhabitants, including the population in areas south of the modern Mozambique-Natal border.

V. A note on the sources

Certain names of political units, recorded over the 16th and 17th centuries by shipwrecked Portuguese, missionaries, and chroniclers, as was first pointed out by H. A. JUNOD (1914), attest the continuity of a number of political units, among them Tembe, Mpfumu, Manyisa, and Gwambe. In addition, two not very well defined ethnic names (Butongas, Macomates) and one ethnic unit of origin ("Macarangas") had been recorded.

Many more names were documented during the 18th century, especially around 1728—1730 and 1760. Three names referring to groups beyond the borders of Mozambique appear as well: "Baatwa" referring to Nguni (partly in modern Swaziland), *"Unbaaij" (Mbai)*, and "Mafeces" (Venda).[10] Increased detail in recording is due to an increased interest in this area during a period of Luso-Dutch rivalry over Delagoa Bay and Inhambane, as well as to a better organization of archives after the administrative separation of Mozambique from India. Unfortunately these data are still too scanty to be of much help in filling the gaps in the reconstruction of LEGASSICK (1969).

In the 19th century, particularly from 1837 to 1846 (LOUIS TRIGARDT's trek and diary, and PINTO, 1840, voortrekker records), an almost complete coverage of the sheet becomes possible through a combination of contemporary records and oral tradition. There remain, however, a few dark spots, especially in those areas not encompassed by published historical enquiries during the 20th century, e.g. the area between Lydenburg and the Olifants.

In the administrative records from the Boer Republics and the Landdros offices of Lydenburg and Schoemansdal are to be found a number of references to political units (i.e.

---

[10] Cf. Liesegang (1977). A relatively complete coverage of the sources (omitting only certain Dutch manuscripts) was presented by RITA-FERREIRA (1982). The reliability of some of his maps an unquoted references is questionable, however.

chiefs) and ethnic groups[11] especially helpful for the years 1845—1863, most probably of assistance for later periods as well.

Important sources are also the accounts and maps of the Swiss missionaries (e. g. Berthoud, H. A. Junod, A. Grandjean, Schlaefli-Glardon, Liengme), the two maps of Raddatz, and certain accounts of the Berlin missionaries: Merensky, Wangemann, Hoffmann, etc.

Administrative policies and publication activity were quite diverse in the three territories. From Mozambique we have administrative ethnographic surveys (Cabral 1910 and Ferrão 1909) which can be supplemented by other later documents.[12] A similar survey in reference to South Africa and Swaziland was published in 1935 (van Warmelo 1935).

---

[11] References, e.g. to Mbai, Pulana, and the Khutswe chief Moduping ("Maroepin"), which Ziervogel had been unable to find (Ziervogel 1954, p. 3).

[12] Maps of the chiefdoms in the documents for the Plano de Fomento, and a list of chiefs in Boletim Oficial, second series, 7-9-1968, pp. 1880—1884.

Sumário

A área do mapa S foi escolhido neste projeto geográfico pela sua morfologia geológica (escarpa ou degrau de camada no Transvaal) e algumas características geográficas. Provavelmente, não teria sido escolhido com estes limites para um projeto independente de geografia histórica porque não constitui uma área integrada. Não está, porém, totalmente desprovido de interesse porque mostra certa diversidade do ponto de vista linguístico e histórico, e evidencia processos que também se podem observar noutras zonas da África Austral.

No âmbito da folha S, dois mapas (S 15 e S 16) tratam directamente temas históricos. Outros referem-se no texto à história ou tornaram-se involuntariamente históricos, como a mapa S 11 que trata formas de empresa que desapareceram em Moçambique depois de 1975. Daí a justificação de limitar a temática do mapa S 15, que saiu da colaboração de um especialista de história e etnografia com dois arqueólogos. Embora a falta de dados não permitisse uma integração mais ampla das duas disciplinas ao nível da cartografia, esta foi no entanto tentada na monografia e em publicações paralelas (LIESEGANG 1973, 1976).

A contribuição arqueológica no mapa e na monografia é parte de um projecto de mapas arqueológicos que englobava também a idade da pedra inferior e médio[1]. Estes períodos mais antigos foram omitidos aqui por falta de espaço na monografia.

Uma grande parte da monografia foi reservada para o catálogo das estações arqueológicas que aparecem no mapa (*capítulo 3*). O *capítulo 2* caracteriza as classes de achados arqueológicos. O *capítulo 4* tenta definir e caracterizar as unidades étnicas e políticas representadas neste mapa, elaborando pontos que se julgaram de interesse para a geografia e etnografia germanófonas. O último capítulo apresenta ainda uma tentativa de generalização sobre a utilização precolonial do espaço da folha S. Os sumários de língua inglesa e portuguesa abordam alguns assuntos que não aparecem no texto alemão da monografia por falta de espaço.

O mapa principal tem três temas:
a) Mostra a distribuição de estações arqueológicas da idade do ferro (incluindo certos achados que podem ser atribuidos a períodos anteriores),
b) Unidades étnicas existentes no fim do século XIX,
c) Unidades políticas (em conjunto com a *mapa 1*).

Estes três temas foram diferenciados ao nível da técnica de apresentação:
a) Há pequenos símbolos indicando estações e classes de achados arqueológicos;
b) Cores e retículos diferentes distinguem unidades étnicas;
c) Indicações de nomes e fronteiras para unidades políticas e grupos regionais. Estas indicações não estão, em parte, completas para evitar sobrecarregar o mapa[2].

---

[1] Números de estações que não aparecem no capítulo 3 desta monografia, referem-se a estações de idade da pedra inferior e médio que foram omitidos (por ex. M 46—70, M 72—79, M 99—115, M 133—140, S. 23—32 etc.)

[2] Uma lista quase completa de grupos regionais e chefaturas, da autoria de J. Makamu, foi publicada por D. EARTHY (1933, pág. 240). Refere-se apenas a Moçambique. — No mapa foi esquecido o nome de Guilundu ou Shilundu (vizinho de Mhindu e Zavala).

Este sumário foca apenas alguns aspectos, especialmente as classes de achados arqueológicos, a definição e apresentação das unidades étnicas e políticas, a situação política por volta de 1865, o movimento de resistência chefiado por Magigwane Khosa em 1897 e as fontes que nos permiten estudar a continuidade de unidades políticas e modificações na distribuição das unidades étnicas.

I. Achados e estações arqueológicas

A maior parte dos dados arqueológicos foi recolhida em 1968, durante trabalhos de campo no litoral de Moçambique e nalgumas zonas do interior. Registou-se também material que se encontrava em museus (entre os quais o antigo Museu Álvaro de Castro) e estações assinaladas em publicações. Alguns dados suplementares foram incluídos em 1971, mas estações descobertas ou publicadas depois desta data, como Matola ou Silver Leaves, não se encontram no mapa.

Os achados e as estações foram divididos em 11 classes (v. a legenda do mapa). Se a cerâmica tivesse sido subdividida, teriam sido mais (15). Algumas destas classes incluem também elementos que não pertencem apenas a idade do ferro (como os "bored stones" e pinturas rupestres etc.), mas a maior parte das estações pode ser atribuida a este último grande período da pré-história da África Austral. Algumas classes têm uma distribuição visivelmente determinada ou influenciada por factores ecológicos. Por exemplo, muros de pedra e terraços apenas se encontram em zonas montanhosas, os concheiros com uma excepção (T 15) na faixa costeira, especialmente na zona na qual existem recifes de grés costeiro; pinturas e gravuras rupestres só se encontram em zonas montanhosas onde existem superfícies adequadas. As gamelas e bacias de saponite (soapstone bowls) têm também uma distribuição muito limitada. Evidentemente não valia a pena carregá-las para muito longe da fonte da matéria prima. (São, segundo uma interpretação de MASON e EVERS, vasos para a evaporação de água salgada, função em que podem ser substituídos por vasos de cerâmica).

Os concheiros devem ser atríbuidos na sua maior parte a idade do ferro. Na zona entre Inhambane e a foz do Limpopo verificou-se mesmo uma ausência de estações da idade da pedra.

A cerâmica que foi encontrada nas mesmas estações, tal como utensílios de pedra (M 28, 29—33, 36, a inclusão de M 27 é um erro), parece relativamente recente, com excepção de uma forma (asas) que também se encontra em Chibuene (M 31, *Fig. IX, 12*). Parece portanto uma associação secundária. Observações em M 33 também parecem apoiar esta interpretação.

Um certo número de estações são povoações históricas do século XIX que podem ser datadas (M 98, M 141—M 146, M 149—150). Isso permite datar uma cerâmica característica com decoração de pequenos paralelogramas que se encontra principalmente na Província de Gaza e zonas vizinhas (*Mapa 1b*)[3]. Esta forma de decoração desapareceu quase por completo no início do século XX.

---

[3] A *Mapa 1b* baseia-se principalmente em material depositado no Departamento de Arqueologia e Antropologia da U.E.M., Maputo. Inclui algumas estações encontradas em 1978—1981 além daquelas publicadas por DUARTE 1976, LIESEGANG 1974 a, 1974 b, e nesse catálogo.

Durante o trabalho de campo foi dirigida bastante atenção à cerâmica recente. Em 1969 havia centros de olaria tradicional perto de Marracuene, Macia, Macupulane, Mucumbi[4], Inhampossa (ao sul de Inhambane e de Mutamba) e Furvela ao sul de Morrumbene. Estes centros dispôem de jazigos de barro e exportam panelas até certa distância (um ou dois dias de viagem), atravessando desta maneira fronteiras entre línguas, perto de Inhambane, ou pelo menos entre dialectos, perto de Macupulane. Nos limites de distribuição destes centros tembém existe frequentemente uma produção local, feita geralmente sob encomenda por especialistas.

Os produtos dos centros distinguem-se na sua decoração, formas de rebordos e de vasos, e também geralmente no barro e na têmpera, de maneira que não é difícil determinar a sua origem. Pode haver casos em que os utentes não pertencem ao mesmo grupo étnico dos produtores e uma estreita interpretação étnica não é correcta. Porém, na zona ao norte de Catuane descobriram-se formas influenciadas pela olaria zulu (além de uma panela zulu) e noutra zona, habitada por algumas famílias swazi, formas típicas da tradição swazi. Isso mostra que, em alguns casos, a identidade étnica se exprime também na olaria. Quando há contactos entre duas etnias de longa data e não existe nenhum outro factor, favorecendo a diferenciação cultural, pode haver processos de assimilação. Minorias que ocupam uma certa zona podem adoptar a cerâmica dos subjugados. Há certos indícios que, no caso de Gaza, isto aconteceu pelo menos duas vezes (em Chaimite, M 98, perto de Chibuto e em Mussurize). Parece, porém, que migrações podem deixar alguns traços. Por exemplo, no caso dos ndau que acompanharam Ngungunyane em 1889 para o sul (de Mussurize para Manjacaze) um certo padrão (incisões cruzadas em forma de banda na parte superior do bojo do vaso) parece que foi introduzido por eles. Está documentado em alguns vasos e cacos que podem ser atribuidos aos anos 1900—1940.

Certas diferenças étnicas e migrações podem, portanto, reflectir-se na cerâmica, outras não deixam rasto. No século XX houve mudanças no tipo de decoração, sem que isto correspondesse a uma discontinuidade biológica ou discontinuidade cultural. Isso mostra que a história populacional de uma área só pode ser reconstruida pela pré-história, se houver uma abordagem complexa e depois de se ter analisado um certo número de estações e restos culturais.

II. A definição de grupos étnicos e políticos

Como grupo étnico, definimos um grupo cultural que está consciente da sua cultura e da sua origem, excluindo outros grupos que não têm a mesma cultura ou origem. Já que tanto a cultura como a consciência da origem podem mudar no tempo, os grupos étnicos não são eternos, com limites fixos no espaço. Podem ser transformados por novas unidades políticas que surgem e podem mudar a sua configuração no espaço como consequência de migrações e processos de assimilação. Um indício de transformação são mudanças de terminologia, especialmente termos que não são apenas uma simples tradução, mas que constituem a introdução de nomes novos para unidades novas. Neste número conta-se o

---

[4]   Este centro só foi registado em 1981 e ainda não está estudado.

termo "changana" (Tshangana) que surgiu no século XIX e que não tinha precedente. Uma unidade já de alguma maneira existente eram os chopi. O nome chopi (Tshopi) foi igualmente introduzido no séc. XIX, sendo derivado de ku-chopa (atirar com o arco) substituiu mindongues, um termo utilizado pelos portugueses em Inhambane. Mindongues é derivado de dongue ou donge que é o nome de uma região. Não tinha, portanto, o mesmo significado original, embora o grupo tenha sido quase o mesmo que o chopi.

A insistência na capacidade de modificação da estrutura étnica, não deve fazer perder de vista que esta é, de facto, bastante resistente. A chamada enculturação das crianças na família e nas comunidades locais e certos processos de identificação de jovens e mais velhos com unidades regionais asseguram a transmissão da cultura e de conceitos de unidade étnica, mesmo quando haja uma transformação parcial da cultura. Algumas das unidades étnicas, que contemporâneos consideravam em vias de extinção, ainda sobrevivem 50 ou 100 anos mais tarde (caso dos bitonga ou tonga de Inhambane).

Em muitos casos, as estruturas ou unidades políticas influem directa ou indirectamente as unidades étnicas e a sua reprodução.

Como unidade política, designamos uma unidade territorial dentro da qual existe um governo independente (ou pelo menos autónomo, sem muitas interferências do exterior). Unidades políticas podem ter membros oriundos de grupos étnicos diferentes[5].

Um aspecto importante da cultura é a língua e, por isso, omitimos no mapa grupos que tinham abandonado a sua língua como, por exemplo, os Matsimbi perto de Homoine, onde nos foi declarado que eram de origem chopi, mas que falavam o tswa. Como a situação parece ter sido a mesma no fim do século passado, foram incluídos no grupo tswa. No Transvaal não foi assinalada a minoria geograficamente dispersa dos Lemba ou Lepa que tem a sua origem no planalto zimbabweano e foi mantendo a sua continuidade, evitando o casamento com pessoas que não eram da mesma origem. Os homens trabalhavam ou mercadejavam metais e as mulheres produziam panelas se houvesse condições para tal. Alguns especialistas descobriram elementos islâmicos na sua cultura (p. e. van Warmelo 1966). Como a maior parte usava a língua sotho foram incluídos neste grupo.

Como ponto de crítica, convém salientar que não só a terminologia europeia como também certos termos que devem ter origem em meios africanos não se referiam à língua falada. Os boers falavam por volta de 1837—50 de 'narizes de botões' (Knopneusen = Tsonga), cafres nús (Blootkaffers ou Kaalkaffers = Nguni e os seus guerreiros), 'cafres vermelhos' (Rooikaffers = Sotho). Os sotho tambem falavam de 'cafres nús' (mapono). Isso parece indicar que a terminologia étnica popular refere muitas vezes grupos sociopolíticos que também se distinguem pela sua cultura ou grupos com uma certa característica cultural visível. Daí a necessidade de distinguir na abordagem os níveis da terminologia e da realidade linguística (ou cultural em geral), embora haja interrelações.

A primeira vista, a divisão étnica do sul de Moçambique parece menos complexa do que aquela do Transvaal. Convém porém uma certa crítica, porque não existem estudos

---

5   Na África do Sul, o "tribe" (tribu) era uma unidade política, emquanto a terminologia portuguesa utilizava este termo (tribo) principalmente para unidades étnicas.

quantitativos sobre a distância dos dialectos e de outros aspectos da cultura, e porque o autor não verificou a classificação no campo, na Africa do Sul. Também parece que não foram tomados em conta indicações que alguns grupos sotho ao norte do rio dos Elefantes deviam ser incluídos nos pedi (cf. mapa am KRIGE & KRIGE 1943). Assim, o mapa devia ter sido simplificado na zona do Transvaal.

O conhecimento da situação por volta de 1970 também deu origem a uma apresentação anacrónica na maior parte dos Distritos de Manjacaze e Chibuto. Fomos prematuros em incluir os nwanati (makwakwa e khambana) nos tsonga centrais visto que por volta de 1870—97 ainda falav am o seu dialecto antigo que alguns aproximam mais ao dialecto Tswa. Irónicamente, baseado em fontes cujas informações remontam ao começo do século, O. KÖHLER (1981 na S 10) incluiu de facto esta zona na área tswa.

III. A situação política por volta de 1865

A *mapa 2* apresenta alguns aspectos da situação política cerca de 1865. Neste momento tinha parado a ocupação do interior que começara 20 anos antes com a imigração dos boers e uma economia baseada na exportação de marfim e autosuficiência em géneros básicos de alimentação. Causas económicas e políticas fizeram recuar os colonos brancos de Schoemansdal (Zoutpansberg) no norte e Lydenburg mais ao sul. Entre as causas económicas inclui-se o facto do marfim começar a escassear no sul de Moçambique e do Zimbabwe e de assim um dos pilares da economia se esmoronar. No Zoutpansberg e em Lydenburg uma exportação de géneros mais pobres, como cereais, não era viável devido ao facto que os transportes em carros de bois, que levavam cerca de 1,5 toneladas, eram relativamente caros. Só da zona em volta de Middelburg que ainda se podiam exportar cereais com um lucro mínimo para Durban, que distava cerca de 500 kms. Nesta zona, a produção de lã, sendo mais valiosa, era também mais, vantajosa do que a produção de cereais. Isso explica porque foi em volta de Middelburg e Ermelo mais ao sul que a expansão continuou depois de 1860. Entre as causas políticas, conta-se que os estados africanos se tinham reconstituido depois das devastações dos difaqane (ou mfecane 1820—1840). Eles tinham adquirido armas na Colónia do Cabo (especialmente nos anos 50) e começavam a expulsar os pequenos colonos brancos dos seus limites. Assim vemos os estados pedi e ndebele em confrontação com os boers.

Os boers aliaram-se com o estado swazi de Mswati (c. 1842—1865). Os swazi atacaram os ndebele e os pedi algumas vezes, mas sem êxito só em 1869. Os swazi também efectuaram outros movimentos de expansão, inteiramente por conta própria, e atingiram depois de 1862 o Rio dos Elefantes. Essa expansão deve ter sido facilitada pela sua intervenção na guerra civil em Gaza que também teve como consequência vários ataques sobre os arredores de Lourenço Marques. A guerra civil em Gaza dividiu a camada dominante do estado em duas fracções: uma fugiu com Mawewe para a Suazilândia, a segunda retirou-se com Mzila (Muzila) para Mussurize, deixando na pessoa de Manjobo Ncayi-Ncayi Dlamini uma espécie de governador no vale do Limpopo (cf. LIESEGANG 1975, págs. 3—7). Isto alargou o espaço que os swazi dispunham para empresas militares. Uma grande parte desta área não estava, porém, apta à pecuária e era por isso de pouca utilidade. Além disso, os swazi expunham-se ali a infecções de paludismo que ceifavam muitas vidas.

A aliança dos swazi com os boers era uma necessidade para eles, devido às suas tentativas de ficarem independentes dos zulu no sul que várias vezes atacaram ou ameaçaram atacar o estado swazi. Uma aliança dos boers de Lydenburg com os zulu teria sido uma ameaça séria para o estado swazi. A morte de Mswati (em 1865) e dificuldades de sucessão devem ter sido um dos factores, inibindo empresas militares dos swazi depois de 1865.

Nesta altura os dois distritos portugueses de Inhambane e de Lourenço Marques ainda constituiam unidades independentes. Em 1860 tropas de Inhambane e de Mawewe, formando uma aliança, tinham atacado a fortificação de Mahuntse Makwakwa em Nyareluga (ao noreste de Inharrime), quando em Lourenço Marques já se esboçava um conflito com Mawewe. No começo da década seguinte, Lourenço Marques transformou-se num porto para o Transvaal, enquanto que Inhambane se tornava um exportador de borracha e amendoim, produtos que substituiram o marfim que começava a escassear.

IV. A guerra de Mbuyiseni em 1897

Este movimento de insurgência chefiado por Magigwane (Maguiguane) Khosa em 1897 insere-se no número dos movimentos de resistência contra a ocupação colonial. Alguns destes movimentos (e os processos de ocupação colonial contra os quais foram dirigidos) no espaço abrangido pela folha S já foram tratados em diversas publicações (p. e. van Coller 1942, Grimsehl 1955, Smith 1969, Rodney 1971, além dos relatórios contemporâneos e referências na História de Moçambique, vol. 2). Existem também estudos não publicados (Kruger 1955).

Os antecedentes deste movimento são os seguintes: Em 1894 houve um movimento de resistência contra a expansão do poder do "comandante" do posto de Anguane (a 10 km de Lourenço Marques) que tinha sido chamado a decidir, pela primeira vez, uma querela resultante da distribuição interna das terras dentro de uma chefatura. (Ao que parece, havia sido decidido pelo comandante e governador de Lourenço Marques resolver-se o caso, deportando o régulo Mahazule de Mabyaya que tinha procedido segundo o direito tradicional). Nwamantibyane de Mpfumu e Mahazule de Mabyaya, que eram considerados os chefes deste movimento, aliaram-se com Ngungunyane, rei de Gaza, e refugiaramse junto dele quando foram vencidos em 2 de Fevereiro de 1895. Isto envolveu o estado de Gaza numa guerra com tropas portuguesas. O exército de Gaza foi vencido em Setembro e Novembro de 1895 e o próprio rei é preso de deportado em 28 de Dezembro do mesmo ano.

No ano seguinte, 1896, os portugueses instalaram uma administração rudimentar em Gaza. A sede ficava em Ghibuto. O governo colonial desmembra o estado de Gaza e escolhe régulos. Contráriamente ao que se diz num manual, não há sinais de resistência aberta ou organizada em 1896. Uma classe nova de soldados brancos e africanos (cipaios) estabelece-se em Gaza. O gado que se diz pertencer ao rei Ngungunyane é pilhado. O ano agrícola é mau, como o antecedente, há seca e fome. Segundo a tradição oral, a população está descontente com a exploração e não aceita as novas classes de exploradores.

Em Março de 1897, o posto isolado de Palule é atacado (*Mapa 3*). Os poucos soldados, que o guarnecem, são mortos na retirada. Os insurgentes avançam na direcção de Chibuto e estabelecem o seu quartel-general na mesma zona, onde tinha sido enterrado o fundador do estado de Gaza, a quem dirigem pedidos de chuva, e aonde Ngungunyane, último rei de Gaza, tinha sido capturado. Os participantes na revolta exercem pressão sobre alguns grupos, que por querelas mais antigas se mantinham afastados, mas alguns fogem para a zona entre os rios Changane e Limpopo e a bovoação de Xai-Xai, onde os portugueses mantêm o seu domínio. Porém, perto de Magude e mesmo na zona em volta de Manhiça, o movimento encontra simpatizantes.

O dirigente da revolta é o antigo comandante superior da organização militar do estado de Gaza, Magigwane Khosa. Não pertence à aristocracia nguni, mas à população do vale do Limpopo assimilada aos nguni. Participaram ainda na revolta:

1.° Muitos "oficiais" da camada aristocrática nguni. No entanto, muitos dos dirigentes mais idosos, residentes perto de Chibuto, onde o governo português era mais organizado, excusaram-se, alegando que a resistência seria impossível.

2.° O maior número dos participantes eram, como Magigwane, membros da camada média de origem tsonga. Os seus descendentes mantinham o nome "Changana". Os Khosa, vivendo um pouco mais distantes, também se consideravam como Changana e aderiram à revolta. No antigo reino, este grupo era conhecido como mabulundlela (aqueles que preparam o caminho, que constituem a vanguarda).

3.° Também devem ter participado alguns dos ndau que tinham ficado no vale do Limpopo depois de 1895.

Esta revolta tem portanto certas características de um movimento nacional, englobando indivíduos de classes diferentes. Havia, porém, uma nítida limitação regional, tendo o seu foco na zona em que o estado de Gaza tinha sido implantado desde há muito tempo. A ideia que uniu os insurgentes foi de exercer pressão sobre os portugueses para eles restituírem o rei Ngungunyane. Daí o nome dessa guerra (mbuyiseni significa devolvam-no)[6]. Talvez pensassem que, como no caso de Sekhukhuni, rei dos pedi (preso 1879—1881) e o zulu Cetewayo (preso 1879—1883), poderia haver uma reorganização do reino e recondução do monarca. Os portugueses nunca consideraram essa eventualidade e assim nem a focaram nos seus relatórios sobre a „campanha contra o Maguiguana"[7].

Houve três combates perto de Chibuto. No último houve uma derrota decisiva e Magigwane e outros sobreviventes fugiram. Magigwane foi perseguido e morto perto de Mapulanguene por uma coluna comandada pelo próprio governador geral (e comissário régio) Mousinho de Albuquerque.

Junto da casa de Ntluvane, irmão de Magigwane, no limite do vale do rio Limpopo e da zona arenosa, construiu-se ao norte de Macia o posto de Inchobane (*Mapa 4*). Este posto documentava a vitória do sistema colonial[8].

---

[6]   Em 1969 foram entrevistadas testemunhas oculares destes acontecimentos perto de Chibuto, Manjacaze e Xilembene (Madragoa) que estabeleceram o nome desta revolta. Outras testemunhas foram entrevistadas em 1978, 1981 e 1983 em Maqueze, Manjacaze e Xilembene.

[7]   Albuquerque 1897 (e 1935); Costa (1899); Rita-Ferreira (1974, pág. 165—66).

[8]   e ainda a desconfiança dos vencedores. É provável que Magigwane fosse natural do vale do Limpopo e não de Magude, como refere uma obra.

Em 1969, quando recolhemos pela primeira vez dados orais sobre esta insurreição, Magigwane já era um herói da luta anticolonial e alguns informadores até tinham medo de falar deste movimento ao autor, juntando-o na mesma categoria da luta de libertação conduzida pela Frelimo. Mas numa entrevista (Acata, perto de Chiduachine e Maniquenique, distrito de Macia), já se notava a dramatização do último combate e da morte de Magigwane em Mapulanguene. As versões populares da história de Gaza, recolhidas depois da independência, costuman dedicar mais tempo ao Magigwane do que aos reis de Gaza.

Depois do combate de Macontene, um grande número de membros da aristocracia ngunienvolvidos e também alguns chefes tsonga refugiaram-se na África do Sul, aonde formaram dois grupos, um chefiado por Mpissane, regente no lugar de Musinganyeya (Thulilamahanche), filho de Ngungunyane, e outro por Gidja (Guijá), sobrinho de Ngungunyane.

V. Nota sobre as fontes

No século XVI e XVII náufragos portugueses, missionários e cronistas mencionam os nomes de muitas unidades políticas, o que, como já foi sublinhado por H. A. JUNOD em 1914, e mais tarde por H. P. JUNOD, C. E. FULLER e outros, nos permite constatar uma continuidade de três ou quatro séculos. Entre estas unidades de grande continuidade contam-se Tembe, Mpfumu, Manyisa e Gwambe[9]. Dois nomes étnicos, embora mal definidos, também se encontram nesta documentação. São um indício que a terminologia étnica, e com isso provavelmente tambem a realidade étnica, sofreram algumas modificações. O grupo tonga ainda não se encontra nitidamente diferenciado do futuro grupo tshopi e o grupo tsonga é difícil de esboçar, visto que apenas um dos seus futuros componentes, os macomates, se encontram referidos.

Muitos outros nomes foram registados no século 18, especialmente por volta de 1728—1730 e 1760. A rivalidade luso-holandesa entre 1720—1730 e a melhor manutenção dos arquivos, depois da separação de Moçambique da India, são responsáveis por este facto. Nesta altura aparecem pela primeira vez referências a grupos fora dos actuais limites de Moçambique. Trata-se dos "baatwa" (nguni), dos "unbaaij" (mbai) e "mafeces" (venda).

Para os meados do século XIX, especialmente o período a partir de 1837/45, uma cobertura completa (ou quase completa) torna-se viável graças à possibilidade de combinar uma documentação contemporânea mais ampla (p. e. o diário de Louis TRIGARDT (ou Trichard), PINTO 1840) com a tradição oral, recolhida especialmente na primeira metade do séc. XX. Há, porém, algumas zonas em que tanto a documentação contemporânea como a investigação histórica posterior deixaram lacunas.

Outra fonte importante são os escritos e mapas de missionários suíços, tais como os da família BERTHOUD, H. A. JUNOD, A. GRANDJEAN, SCHLAEFLI-GLARDON, LIENGME etc. e só

---

[9] Não partilhamos as dúvidas de M. L. C. DE MATOS (1973) no que toca a identidade de Gwambe do séc. XIX/XX e com Guamba (Gamba de Otongue (Ndonge) do séc. XVI nem aceitamos a identificação de Guamba com Manhiquene (RITA-FERREIRA 1982, pág. 67, 73 nota 15). RITA-FERREIRA (1982) cita as fontes a que este parágrafo se refere.

para o Transvaal, os dois mapas de RADDATZ 1986, e trabalhos de missionários da Missão de Berlim (MERENSKY, WANGEMANN, HOFFMANN etc.).

A política administrativa e actividades de publicação referentes à administração e história da população africana eram muito diferentes entre 1900 e 1970 nos três territórios abrangidos. Isso dificulta a elaboração de um mapa que obedeça a uma classificação uniforme das formaçoẽs étnicas e políticas. Na África do Sul a instituição de chefe (ou régulo) e a sua história e as genealogias obtiveram muita atenção enquanto que na colónia portuguesa a atenção se centrava noutros aspectos. Depois das publicações de FERRÃO 1909 e CABRAL 1910 não houve nada que se pudesse comparar ao inquérito de VAN WARMELO 1935. Focavam-se mais as unidades linguísticas (e etnicas) do que as antigas unidades políticas em Moçambique.

782 406